普通高等学校对口招生考试模拟试卷

财会类专业综合

主　编◎邓芹芹　张丹　喻娟

中国石化出版社
HTTP://WWW.SINOPEC-PRESS.COM
中国经济出版社
CHINA ECONOMIC PUBLISHING HOUSE

内 容 提 要

本试卷主要以全国会计初级职称考试参考用书《初级会计实务》《经济法基础》为基础，融合中职学校《财务会计》《企业会计实务》教材，针对职业学校对口升学、结合初级会计职称考试题型及难度，将重点放在会计实务的账务处理以及各项经济政策在实务中的具体运用，可以帮助做题者理解并掌握职业学校对口升学以及初级会计职称考试的相关知识，对考试的题型、难度有一定了解。

本试卷内容全面、重难点突出、题型丰富，既可作为普通高等学校对口招生考试模拟测试提升用卷，又可用于职业院校会计专业和财经类其他专业的专业基础课程教学辅导练习，对通过全国初级会计职称考试也有很大帮助。

图书在版编目(CIP)数据

普通高等学校对口招生考试模拟试卷. 财会类专业综合 / 邓芹芹，张丹，喻娟主编. — 北京 ：中国石化出版社，2025. 4. — ISBN 978-7-5114-7926-6

Ⅰ. G718.3

中国国家版本馆 CIP 数据核字第 20251RR762 号

中国石化出版社出版发行
地址：北京市东城区安定门外大街 58 号
邮编：100011　电话：(010)57512500
发行部电话：(010)57512575
http://www.sinopec-press.com
E-mail:press@sinopec.com
天津嘉恒印务有限公司印刷
全国各地新华书店经销

*

787 毫米×1092 毫米 8 开本 13.75 印张 165 千字
2025 年 4 月第 1 版　2025 年 4 月第 1 次印刷
定价：43.00 元

前　言

近年来，我国财税政策改革力度较大，不断推出新的财税政策，比如2019年增值税的税率下调、个人所得税的专项附加扣除、新冠疫情下对小微企业的税收优惠等等。本试卷是紧跟专业前沿，吃透国家最新的财税政策，结合职业院校一线教学中的师生反馈和当前中高职学生的知识和能力要求而设计编写的一套与《企业会计实务》《经济法基础》教材配套的专项练习和综合模拟试卷。

本试卷主要以全国会计初级职称考试参考用书《初级会计实务》《经济法基础》为基础，融合中职学校《财务会计》《企业会计实务》教材，针对职业学校对口升学、结合初级会计职称考试题型及难度，重点针对会计实务的账务处理以及各项经济政策在实务中的具体运用，可以帮助做题者理解并掌握职业学校对口升学以及初级会计职称考试的相关知识，对考试的题型、难度有一定了解。本套试卷设有单选题、多选题、解析题和实务综合题等题型，其中单选题可以考察做题者对基础理论知识的掌握程度，相关分录的灵活运用与计算能力；多选题可以考察做题者对相关理论知识的深入的理解运用；解析题可以考察做题者对相关经济政策在实际中的运用；实务综合题可以让读者从整体上了解企业各项经济业务的处理，提升做题者的知识综合运用能力。

本试卷内容全面，重难点突出，题型丰富；既可作为普通高等学校对口招生考试模拟测试提升用卷，又可用于职业院校会计专业和财经类其他专业的专业基础课程教学辅导练习。同时，对通过全国初级会计职称考试也有很大帮助。

编者

目　录

学号：________ 班级：________ 姓名：________

密 封 线 内 不 要 答 题

普通高等学校对口招生考试模拟(一)

财会类专业综合知识试题

本试题卷共四大题，42 小题。时量 150 分钟，满分 390 分

一、单选题(本大题共 20 小题，每小题 2 分，共 40 分。在每小题给出的四个选项中，只有一项是符合题目要求的)

1. 会计资料最基本的质量要求是(　　)。

A. 真实性和相关性　　B. 明晰性和谨慎性

C. 真实性和完整性　　D. 重要性和及时性

2. 根据《会计法》规定，对于伪造、变造会计凭证、会计账簿，编制虚假财务会计报告，尚不构成犯罪的，由县级以上人民政府财政部门视其情节轻重，在予以通报的同时，可以再对直接负责的主管人员和其他直接责任人员处(　　)的罚款。

A. 1 000 元以上 20 000 元以下　　B. 2 000 元以上 50 000 元以下

C. 3 000 元以上 30 000 元以下　　D. 3 000 元以上 50 000 元以下

3. 下列各项中，不应通过"其他应收款"科目核算的是(　　)。

A. 出租包装物收取的押金　　B. 应向保险公司收取的理赔费

C. 为职工垫付的房租　　D. 租入包装物支付的押金

4. 湖南爱岗公司公开竞标向客户提供咨询服务，为取得和该客户的合同而发生的成本如下：①尽职开展调查的外部律师费 50 000 元；②为客户提交标书的差旅费 20 000 元(客户不承担)；③销售人员佣金 60 000 元。假定不考虑其他因素，湖南爱岗公司 2025 年 2 月应确认合同取得成本为(　　)。

A. 50 000 元　　B. 60 000 元

C. 110 000 元　　D. 130 000 元

5. 下列关于计提法定盈余公积的说法中，不正确的是(　　)。

A. 公司制企业应按照净利润(减弥补以前年度亏损)的 10%提取法定盈余公积

B. 非公司制企业法定盈余公积的计提比例可超过净利润的 10%

C. 在计算本年提取的法定盈余公积基数时，应该包括企业年初盈余的未分配利润

D. 法定盈余公积累计额已达到注册资本的 50%时可以不再提取

6. 湖南敬业公司为增值税一般纳税人，2025 年 3 月进口一批货物，海关审定的关税完税价格为 1 130 000 元。已知增值税税率为 13%，关税税率为 10%。计算当月的该项经济业务应缴纳的增值税正确的是(　　)。

A. 1 130 000÷(1+13%)×13%＝130 000(元)

B. 1 130 000×(1+10%)÷(1+13%)×13%＝143 000(元)

C. 1 130 000×13%＝146 900(元)

D. 1 130 000×(1+10%)×13%＝161 590(元)

7. 基本存款账户是企业的主办账户。下列关于基本存款账户的表述中，不正确的是(　　)。

A. 异地常设机构可以申请开立基本存款账户

B. 一个单位只能开立一个基本存款账户

C. 基本存款账户是存款人的主办账户，可以办理日常经营活动的资金收付及其工资、奖金和现金的支取

D. 工资、奖金的发放禁止从基本存款账户中支取

8. 企业为建造厂房发行的债券，在厂房建造期间计提的债券利息，应计入(　　)。

A. 财务费用　　B. 研发支出

C. 制造费用　　D. 在建工程

9. 2024 年 11 月 20 日，湖南诚实公司与湖南守信公司签订一项为期 3 个月的安装合同，合同总价款为 700 000 元；当日收到湖南守信公司预付合同款项 300 000 元。该项履约义务属于在某一时段内履行的履约义务，按履约进度确认收入。年末经测算，履约进度为 40%。湖南诚实公司 2024 年年末应确认的收入为(　　)。

A. 120 000 元　　B. 280 000 元

C. 300 000 元　　D. 700 000 元

10. 下列各项中，关于无形资产会计处理表述正确的是(　　)。

A. 已确定的无形资产减值损失在以后会计期间转回

B. 使用寿命不确定的无形资产按月进行摊销

C. 出售无形资产的净损益计入资产处置损益

D. 出租无形资产的摊销额计入销售费用

11. 湖南廉洁商场采用售价金额核算法核算库存商品。2025 年 3 月 1 日，该商场库存商品的进价总额为 1 800 000 元，售价总额为 2 500 000 元；本月购入商品的进价总额为 5 000 000元，售价总额为 7 500 000 元；本月实现的销售收入总额为 6 000 000 元。不考虑其他因素，2025 年 3 月 31 日该商场库存商品的结存成本总额为(　　)。

A. 2 720 000 元　　B. 4 000 000 元

C. 4 080 000 元　　D. 1 920 000 元

12. 下列各项中，关于表结法下期末结转本年利润的表述正确的是(　　)。

A. 表结法下不需要设置"本年利润"账户

B. 年末不需要将各项损益类账户余额结转入"本年利润"账户

C. 各月末需要将各项损益类账户发生额填入利润表来反映本期的利润(或亏损)

D. 每月末需要编制转账凭证将当期各损益类账户余额转入"本年利润"账户

13. 某企业采用计划成本法进行材料的日常核算。2024 年 8 月，该企业月初结存材料的计划成本为 80 万元，成本差异为超支 20 万元。当月，企业购入一批材料，实际成本为 110 万元，计划成本为 120 万元。当月，企业领用材料的计划成本为 100 万元，则领用材料应负担的材料成本差异为(　　)万元。

A. 超支 5　　B. 节约 5

C. 超支 15　　D. 节约 15

14. 下列关于投资性房地产会计处理的表述中，正确的是(　　)。

A. 采用成本模式计量的投资性房地产，期末计提的折旧费计入管理费用

B. 采用成本模式计量的投资性房地产，不得再转为公允价值模式计量

C. 按国家规定认定的闲置土地，不应确认为投资性房地产

D. 企业可根据需要改变其投资性房地产的计量模式，但应在会计报表附注中披露

15. 根据消费税法律制度的规定，在零售环节需要加征消费税的是(　　)。

A. 超豪华小汽车　　B. 游艇

C. 电池　　D. 高档手表

16. 采用支付手续费委托代销方式下，下列各项中，委托方在收到受托方开出的代销清单时应将支付的代销手续费记入的会计科目是(　　)。

A. 销售费用　　B. 财务费用

C. 其他业务成本　　D. 管理费用

17. 2024 年 1 月 1 日，湖南公正公司从证券市场购入面值为 10 000 000 元的债券，实际支付价款 8 696 000 元，另外支付交易费用 100 000 元。该债券发行日为 2024 年 1 月 1 日，系分期付息、到期一次还本的债券，期限为 5 年，票面利率为 5%，实际利率为 8%，每年 12 月 31 日计算并支付当年利息。湖南公正公司根据其管理该金融资产的业务模式和该债券的合同现金流量特征，将其划分为以公允价值计量且其变动计入其他综合收益的金融资产。2024 年 12 月 31 日该金融资产的公允价值为 9 100 000 元。2024 年年末该金融资产的摊余成本为(　　)。

A. 8 999 700 元　　B. 8 796 000 元

C. 9 600 000 元　　D. 8 592 300 元

18. 下列资产负债表项目中，应根据相应总账账户期末余额直接填列的是(　　)。

A. 长期借款　　B. 短期借款

C. 长期股权投资　　D. 预付账款

19. 下列各项中，应计入企业管理费用的是(　　)。

A. 发生的税收滞纳金　　B. 出售无形资产净损失

C. 生产车间机器设备的折旧费　　D. 采购人员的差旅费

20. 下列各项中，增值税一般纳税人已确认相关收入(或利得)但尚未发生增值税纳税义务而需于以后期间确认为销项税额的增值税，应记入的会计科目是(　　)。

A. 应交税费—待转销项税额　　B. 应交税费—未交增值税

C. 应交税费—待抵扣进项税额　　D. 应交税费—应交增值税

二、多选题(本大题共 20 小题，每小题 3 分，共 60 分。在每小题给出的四个选项中，有两项或两项以上是符合题目要求的。多选、少选均不给分)

21. 下列现金流量中，属于经营活动产生的现金流量的有(　　)。

A. 当期缴纳的所得税　　B. 收到的税费返还

C. 发行债券支付的交易费用　　D. 支付的外购生产设备的价款

22. 下列税种中，由税务机关负责征收和管理的有(　　)。

A. 土地增值税　　B. 关税

C. 资源税　　D. 企业所得税

23. 根据会计法律制度的规定，企业和其他组织的会计档案中，应永久保管的有(　　)。

A. 年度财务报告　　B. 会计档案销毁清册

C. 半年度财务报告　　D. 纳税申报表

24. 下列选项中，有关包装物的会计处理表述正确的有(　　)。

A. 随商品出售不单独计价的包装物成本，计入销售费用

B. 生产领用的包装物成本，计入生产成本

C. 随商品出售单独计价的包装物成本，计入其他业务成本

D. 多次反复使用的包装物成本，根据使用次数分次摊销计入相应成本费用

25. 根据支付结算法律制度的规定，下列关于银行卡交易的表述中，正确的有(　　)。

A. 信用卡持卡人不得通过银行柜面办理现金提取业务

B. 信用卡持卡人通过 ATM 办理现金提取业务有限额控制

C. 借记卡持卡人在 ATM 机上取款无限额控制

D. 储值卡卡内币值不得超过 1 000 元

26. 企业的盈余公积主要用途包括(　　)。

A. 购建集体福利设施　　B. 弥补亏损

C. 购建固定资产　　D. 转增资本

27. 企业取得下列投资所支付的相关税费，应包括在各投资初始计量金额中的有(　　)。

A. 交易性金融资产　　B. 其他权益工具投资

C. 其他债权投资　　D. 长期股权投资(非合并)

28. 根据消费税法律制度的规定，下列情形中，应当以纳税人同类应税消费品的最高销售价格作为计税依据计缴消费税的有(　　)。

A. 以自产应税消费品抵偿债务　　B. 以自产应税消费品投资入股

C. 以自产应税消费品换取消费资料　　D. 以自产应税消费品换取生产资料

29. 企业与客户之间建立的合同同时满足(　　)条件，应当在客户取得相关商品控制权时确认收入。

A. 合同各方已批准该合同并承诺将履行各自的义务

B. 该合同明确了合同各方与所转让商品相关的权利和义务

C. 该合同有明确的与所转让商品相关的支付条款

D. 该合同具有商业实质，即履行该合同将改变企业未来现金流量的风险、时间分布或金额

30. 下列各项中，关于增值税一般纳税人会计处理表述正确的有(　　)。

A. 已单独确认进项税额的购进货物用于对外捐赠，应贷记“应交税费—应交增值税(进项税额转出)”科目

B. 将委托加工的货物用于集体福利，应贷记“应交税费—应交增值税(销项税额)”科目

C. 已单独确认进项税额的购进货物发生非正常损失，应贷记“应交税费—应交增值税(进项税额转出)”科目

D. 企业在建工程领用本企业生产的产品，应贷记“应交税费—应交增值税(销项税额)”科目

31. 湖南坚持公司将自产的空气净化器作为福利发给财务部的30名职工，每人1台，每台不含增值税的市场售价为15 000元，生产成本为10 000元。适用的增值税税率为13%，湖南坚持公司下列会计处理正确的有(　　)。

A. 确认空气净化器作为福利时：

借：财务费用　358 500

　贷：应付职工薪酬—非货币性福利　358 500

B. 发放空气净化器时：

借：应付职工薪酬—非货币性福利　358 500

　贷：库存商品　300 000

　　应交税费—应交增值税(销项税额)　58 500

C. 发放空气净化器时：

借：应付职工薪酬—非货币性福利　508 500

　贷：主营业务收入　450 000

　　应交税费—应交增值税(销项税额)　58 500

借：主营业务成本　300 000

　贷：库存商品　300 000

D. 确认空气净化器作为福利时：

借：管理费用　508 500

　贷：应付职工薪酬—非货币性福利　508 500

32. 应纳税暂时性差异通常产生的情况包括(　　)。

A. 资产的账面价值大于其计税基础　B. 负债的账面价值大于其计税基础

C. 负债的账面价值小于其计税基础　D. 资产的账面价值小于其计税基础

33. 下列各项中，收入确认和计量表述正确的有(　　)。

A. 企业识别合同中的单项履约义务

B. 企业履行各单项履约义务时确认收入

C. 交易价格不包括企业预期退还给客户的款项

D. 企业确认客户合同收入应以合同存在为前提

34. 2020年11月14日，湖南准则公司向湖南提高公司购入一批货物，未支付货款，遂签发了一张支票交付给湖南提高公司；2020年12月13日，湖南提高公司提示付款途中遗失票据。下列关于湖南提高公司票据权利丧失补救的说法中正确的有(　　)。

A. 可以办理挂失止付　B. 只能办理挂失止付

C. 不可以办理挂失支付　D. 可以办理公示催告

35. 下列各项中不通过“税金及附加”科目核算的有(　　)。

A. 委托加工物资受托方代收代缴的消费税　B. 进口应税物资缴纳的消费税

C. 销售矿产品应交的资源税　D. 销售应税消费品缴纳的消费税

36. 下列关于存货的会计处理表述中，正确的有(　　)。

A. 管理不善造成的存货净损失计入营业外支出

B. 购买商品运输途中发生的合理损耗应从存货总成本中扣除

C. 存货加工成本指加工过程中实际发生的人工成本和按照一定方法分配的制造费用

D. 进口关税应计入存货成本

37. 企业进行成本核算的意义在于(　　)。

A. 计算出的产品实际成本可作为生产耗费的补偿尺度

B. 反映和监督各项消耗定额及成本计划的执行情况，控制生产过程中人力、物力和财力的耗费

C. 反映和监督在产品占用资金的增减变动和结存情况

D. 可与产品的计划成本、定额成本或标准成本等指标进行对比

38. 下列属于消费纳税义务人的有(　　)。

A. 受托加工白酒的生产商　B. 委托加工实木地板的单位

C. 零售超豪华小汽车的商业企业　D. 销售卷烟的批发企业

39. 现金流量表中的“支付给职工以及为职工支付的现金”项目包括(　　)。

A. 支付给生产工人的奖金　B. 支付给在建工程人员的奖金

C. 支付给非专利技术研发人员的工资　D. 为管理人员支付的养老保险

40. 下列纠纷中，当事人可以申请仲裁的有(　　)。

A. 王某和赵某的经济继承纠纷

B. 张某和房地产开发商的买卖纠纷

C. 农村集体组织内部的农业承包合同纠纷

D. 李某和供职公司的劳动争议

三、简答题(本大题共1小题，25分)

41. 湖南创造公司是一家规模较小、从事贸易活动的单位，其日常发生的业务不多，该公司会计因公出差未能按时处理公司发生的业务，出纳王某试着对公司2020年8月份的经济业务进行了会计处理，在专用记账凭证中进行了相关业务处理，见表1。

表1　业务处理结果

序号	业务内容	凭证类别	业务处理
①	公司职工出差预借差旅费5 600元，支付现金	现金付款凭证	借：管理费用　5 600 贷：库存现金　5 600
②	开出现金支票提取现金14 000元	现金收款凭证	借：库存现金　14 000 贷：银行存款　14 000
③	通过银行购买办公用品11 760元	转账凭证	借：管理费用　11 760 贷：银行存款　11 760
④	收到某单位抵付欠款的商业汇票84 000元	银行存款收款凭证	借：银行存款　84 000 贷：应收账款　84 000
⑤	从开户银行借入临时借款252 000元	现金收款凭证	借：库存现金　252 000 贷：银行存款　252 000

为了检验所做账务处理是否正确，公司出纳王某进行了试算平衡，其结果显示账户的发生额和余额均平衡。待公司会计上班后，出纳王某将其所做的账务处理交给公司会计，并强调对结果已试算平衡。公司会计对出纳王某的处理过程简单检查后，认为出纳员的会计处理存在问题。

要求：指出公司出纳王某在账务处理过程中存在哪些问题？请写出正确处理。

四、实务综合题(本大题共 265 分，其中制表及编制会计分录 223 分，编制资产负债表 42 分。“应收账款”“合同负债”“库存商品”“商品进销差价”“应付职工薪酬”“应交税费”应写明细科目，“应交增值税”应写明细项目，未写的每处扣 1 分。报表只要求填写期末余额)

42. 湖南爱国商贸有限公司地处常德市武陵区，是一家商品流通企业，公司为增值税一般纳税人，增值税税率为13%，企业所得税税率为25%，城市维护建设税税率为7%，教育费附加税率为3%。主要从事电子元器件和办公设备的销售。开户行为中国建设银行青年路支行。

公司库存商品的购入、加工、收回、销售(发出)均采用售价金额核算法进行核算，售价与进价的差额通过“商品进销差价”账户核算；销售产品后立即结转商品销售成本，期末计算商品进销差价率，分类别摊销销售(发出)商品应承担的商品进销差价，尾差计入期末结存商品。公司日常销售核算不体现增值税，月末一次结转销项税额。进行账务处理计算时，若计算结果为除不尽小数，将计算结果保留两位小数，尾差计入末尾账户。分配率保留两位小数。固定资产计提折旧采用年限平均法，行政办公楼、仓库折旧年限为 20 年，预计净残值率为 5%；一般办公设备、专用销售设备折旧年限为 10 年，预计净残值率为 2%。企业无形资产采用直线摊销法进行摊销，企业拥有一项专利权，摊销期限为 360 个月。固定资产折旧方法、折旧年限和无形资产摊销方法与税法规定一致。

资料(一)

2025 年 1 月 1 日科目余额表见表 2，库存商品明细表见表 3，在途物资明细表见表 4，固定资产明细表见表 5，无形资产明细表见表 6。

表 2　科目余额表　　单位：元

总账账户	明细账户	方向	期初余额
库存现金		借	8 809.00
银行存款	建行存款	借	1 802 217.48
交易性金融资产	成本(10 000 股)	借	220 000.00
	公允价值变动	借	45 000.00
应收票据	湖南程普信息科技有限公司	借	778 000.00
应收账款	湖南祥瑞营销有限公司	借	600 400.00
	湖南程普信息科技有限公司	借	865 000.00
预付账款	湖南飞翔商业贸易有限公司	借	140 000.00
其他应收款	本晓	借	6 000.00
在途物资	上海文采电子科技有限公司	借	160 000.00
库存商品	半导体器件—B360A	借	110 740.00
	电子元器件—DK5WW	借	46 330.00
	电脑配件—KK32D	借	123 396.00
	爱默生激光打印机	借	176 280.00
商品进销差价	电子元器件—DK5WW	贷	4 000.00
周转材料		借	158 000.00
债权投资		借	267 000.00
长期股权投资		借	3 000 000.00
固定资产		借	985 600.00
累计折旧		贷	169 425.00
无形资产		借	120 000.00
累计摊销		贷	1 336.00
短期借款		贷	100 000.00
应付票据	温州安虹电子科技有限公司	贷	150 000.00
应付账款	上海文采电子科技有限公司	贷	225 000.00
	温州安虹电子科技有限公司	贷	470 000.00
合同负债	湖南友谊春天百货有限公司	贷	150 000.00
应付职工薪酬	工资	贷	49 770.00

续表

总账账户	明细账户	方向	期初余额
	社会保险费	贷	4 578.84
	设定提存计划	贷	10 949.40
	住房公积金	贷	4 977.00
应交税费	未交增值税	贷	45 087.49
	应交城市维护建设税	贷	3 156.12
	应交个人所得税	贷	39.00
	应交教育费附加	贷	1 352.63
其他应付款	社会保险费	贷	5 474.70
	住房公积金	贷	4 977.00
长期借款		贷	600 000.00
实收资本		贷	5 500 000.00
盈余公积		贷	679 848.30
利润分配	未分配利润	贷	1 432 801.00
	期初借方余额合计	借	9 612 772.48
	期初贷方余额合计	贷	9 612 772.48

表 3　库存商品明细表

产品名称	计量单位	期初结存数	单价(元)	库存金额(元)
半导体器件—B360A	件	350	316.40	110 740.00
电子元器件—DK5WW	件	100	463.30	46 330.00
电脑配件—KK32D	件	280	440.70	123 396.00
爱默生激光打印机	台	60	2 938.00	176 280.00

表 4　在途物资明细表

供应商	产品名称	单价(元)	数量(件)	金额(元)
上海文采电子科技有限公司	电子元器件—DK5WW	400.00	400	160 000.00

表 5　固定资产明细表　　单位：元

固定资产名称	原价	预计使用年限	预计净残值	月折旧额	已计提折旧额
行政办公楼	550 000.00	20 年	5%	2 177.00	35 640.00
仓库	250 000.00			990.00	44 550.00
一般办公设备	102 600.00	10 年	2%	838.00	37 710.00
专用销售设备	140 200.00			1 145.00	51 525.00

表 6　无形资产明细表

无形资产名称	原价(元)	摊销年限(月)	月摊销额(元)	已提摊销额(元)
商标权	120 000.00	360	334.00	1 336.00

资料(二)

2025 年 1 月公司发生如下经济业务：

① 4 日，公司为职工缴纳 2024 年 12 月的社会保险费、住房公积金及个人所得税，款项均通过银行存款支付。(5 分)

② 5 日，行政部报销上月出差归来差旅费，多余款项以现金退回。其中往返高铁票1 403 元，住宿费 1 800 元(取得增值税专用发票)，其他费用 1 797 元。(计算 2 分，分录 5 分)

③ 6 日，上月购买的电子元器件—DK5WW 入库。(5 分)

④ 6 日，获悉湖南程普信息科技有限公司发生财务困难，无法全额履行偿还公司账款的义务并决定进行债务重组。双方达成协议：公司决定减免湖南程普信息科技有限公司 15% 的债务，余款湖南程普信息科技有限公司立即通过银行转账偿还。(5 分)

⑤ 7 日，缴纳上月相关税费。(5 分)

⑥ 11 日，从湖南飞翔商业贸易有限公司购入 100 台爱默生激光打印机，增值税专用发票注明价款 165 000 元，增值税 21 450 元。商品当即验收入库，余款通过银行存款结算。(5 分)

⑦ 12 日，公司通过银行存款支付上月职工工资。(5 分)

⑧ 14 日，销售给湖南祥瑞营销有限公司 350 件电子元器件—DK5WW、130 件电脑配件—KK32D，开出增值税专用发票，商品已发出，款项尚未收到。(10 分)

⑨ 16 日，从温州安虹电子科技有限公司购入 30 件电脑配件—KK32D，增值税专用发票注明价款 7 800 元，增值税 1 014 元。商品已验收入库，款项通过银行存款结算。(5 分)

⑩ 17 日，公司支付 500 000 元取得湖南创新科技有限公司 20% 的股权，取得投资时被投资单位可辨认净资产的公允价值为 3 400 000 元，公司能够对湖南创新科技有限公司施加重大影响。(计算 2 分，分录 5 分)

⑪ 17 日，从上海文采电子科技有限公司购入 50 件电子元器件—DK5WW、50 件半导体器件—B360A，增值税专用发票注明电子元器件—DK5WW 价款 19 000 元，增值税 2 470 元；半导体器件—B360A 价款 10 500 元，增值税 1 365 元。商品已验收入库，款项通过银行存款结算。(5 分)

⑫ 18 日，收到外商汤姆森先生的捐款 2 000 000 元，存入银行。(5 分)

⑬ 19 日，公司与湖南汉森信息有限公司签订一项经营租赁合同，公司同日购入一层写字楼出租给湖南汉森信息有限公司作为经营场所，为期 5 年。取得写字楼增值税专用发票注明：价款 300 000 元，增值税税率 9%，增值税 27 000 元。款项通过银行存款结算。公司以成本模式对该写字楼进行后续计量。(5 分)

⑭ 20 日，销售给湖南祥瑞营销有限公司 300 件半导体器件—B360A，开出增值税专用发票，商品已发出，款项通过银行存款结算。(10 分)

⑮ 21 日，向常德日报社支付广告费 2 500 元，增值税 150 元；向湖南龙腾运输公司支付本月由公司承担的运费 8 000 元，增值税 720 元。均取得增值税专用发票，款项均已转账结算。(5 分)

⑯ 22 日，公司决定自行研发一项专利权，研究阶段发生专利调研费 15 000 元，以银行存款支付。研究阶段已完成，进入开发阶段。(5 分)

⑰ 22 日，销售给湖南友谊春天百货有限公司 90 台爱默生激光打印机，开出增值税专用发票，商品已发出，余款已通过银行存款补付结算。(10 分)

⑱ 25 日，向陕西省白水县万家希望小学捐款 50 000 元，款项已通过银行存款转出。(5 分)

⑲ 26 日，销售给湖南畅捷办公设备有限公司 30 台爱默生激光打印机，开出增值税专用发票，商品已发出，款项通过银行存款结算。双方签订售后回购协议，公司定于 4 月 30 日将所售商品回购，回购价为 90 000 元(不含增值税)。(5 分)

⑳ 27 日，收到职工张宇超交来的违规销售罚款 280 元，现金收讫。(5 分)

㉑ 31 日，公司持有的交易性金融资产市价变动，收盘价每股 27 元。(计算 2 分，分录 5 分)

㉒ 31 日，收到常德市自来水公司增值税专用发票，注明水费 11 825 元，增值税1 064.25 元；收到常德市武陵区供电所增值税专用发票，注明电费 10 795 元，增值税 1 403.35 元。款项均已转账支付。水电费按各部门实际耗用分配，完成表 7。(表格 18 分，分录 5 分)

表 7　水电费分配率

类别	部门	用水量(吨)	分配率	金额(元)	耗电量(千瓦·时)	分配率	金额(元)
行政管理	董事长室	10			500		
	总经理室	50			650		
	行政部	50			750		
	财务部	50	—		800	—	
	采购部	350			1 300		
	仓库	450			1 800		
销售	销售部	600			3 600		
	售后服务部	450			900		
合计		2 010		11 825.00	10 300		10 795.00

㉓ 31 日，计提本月固定资产折旧。(5 分)

㉔ 31 日，摊销本月无形资产。(5 分)

㉕ 31 日，分别结转本月已销(发出)商品应承担的商品进销差价。完成表 8、表 9。(表格 28 分，分录 5 分)

表 8　商品进销差价率计算表　　单位：元

商品名称	期初商品进销差价	期初结存商品售价	本期入库商品进价	本期入库商品售价	本期入库商品进销差价	商品进销差价率
半导体器件—B360A	—	110 740.00				
电子元器件—DK5WW	4 000.00	46 330.00				
电脑配件—KK32D	—	123 396.00				
爱默生激光打印机	—	176 280.00				

表 9　已销(发出)商品应承担商品进销差价计算表　　单位：元

商品名称	已销(发出)商品成本	商品进销差价率	应承担商品进销差价
半导体器件—B360A			
电子元器件—DK5WW			
电脑配件—KK32D			
爱默生激光打印机			

㉖ 31 日，计算本月已销(发出)商品应确认的增值税销项税额。(计算 2 分，分录 5 分)

㉗ 31 日，结转本月末交增值税。(计算 2 分，分录 5 分)

㉘ 31 日，计提本月应交城市维护建设税、教育费附加。(计算 2 分，分录 5 分)

㉙ 31 日，结转损益类账户。(10 分)

要求：根据上述资料，完成以下财务工作。

(1) 编制会计分录，并将相关表格填写完整。(29 小题，共 223 分)

(2) 编制 2025 年 1 月 31 日资产负债表(表 10)。(需填列的报表项目，每空 2 分，共 42 分)

表 10　资产负债表

编制单位：湖南爱国商贸有限公司　　2025 年 1 月 31 日　　单位：元

资产	期末余额	负债及所有者权益(或股东权益)	期末余额
流动资产：		流动负债：	
货币资金	①	短期借款	100 000.00
交易性金融资产	②	交易性金融负债	
应收票据	778 000.00	应付票据	150 000.00
应收账款	③	应付账款	695 000.00
预付款项	④	合同负债	⑭
其他应收款		应付职工薪酬	
存货	⑤	应交税费	⑮
合同资产		其他应付款	⑯

续表

资产	期末余额	负债及所有者权益(或股东权益)	期末余额
流动资产合计	⑥	流动负债合计	⑰
非流动资产:		非流动负债:	
债权投资	267 000.00	长期借款	600 000.00
长期股权投资	⑦	长期应付款	
投资性房地产	⑧	非流动负债合计	600 000.00
固定资产	⑨	负债合计	⑱
在建工程		所有者权益(或股东权益)	
生产性生物资产		实收资本(或股本)	5 500 000.00
无形资产	⑩	盈余公积	679 848.30
开发支出	⑪	未分配利润	⑲
非流动资产合计	⑫	所有者权益(或股东权益)合计	⑳
资产总计	⑬	负债及所有者权益(或股东权益)总计	㉑

姓名：＿＿＿＿＿＿ 班级：＿＿＿＿＿＿ 学号：＿＿＿＿＿＿

密 封 线 内 不 要 答 题

普通高等学校对口招生考试模拟(二)

财会类专业综合知识试题

本试题卷共四大题，43 小题。时量 150 分钟，满分 390 分

一、单选题(本大题共 20 小题，每小题 2 分，共 40 分。在每小题给出的四个选项中，只有一项是符合题目要求的)

1. 属于税款征收措施的是(　　)。

A. 自行申报　　B. 扣缴征收　　C. 强制执行　　D. 税务行政复议

2. 企业确认盘盈固定资产初始入账价值时采用的计量属性是(　　)。

A. 可变现净值　　B. 公允价值　　C. 重置成本　　D. 现值

3. 某公司因暴雨毁损原材料一批，该批材料实际成本为 2 万元，购入时增值税税率为 13%。残料变现价值为 0.1 万元，保险公司按合同约定赔偿 0.5 万元。不考虑其他因素，该批材料的毁损净损失为(　　)万元。

A. 1.4　　B. 1.16　　C. 1　　D. 0.7

4. 某企业年初“坏账准备”科目贷方余额为 2 万元，当年将无法收到的应收账款 1 万元确认为坏账。年末经评估，确定“坏账准备”科目贷方应保留的余额为 3.5 万元，不考虑其他因素，该企业年末应计提的坏账准备为(　　)。

A. 2 万元　　B. 2.5 万元　　C. 1.5 万元　　D. 3.5 万元

5. 根据劳动合同法律制度的规定，关于劳动合同试用期的下列表述中，不正确的是(　　)。

A. 劳动合同期限不满三个月的，不得约定试用期

B. 以完成一定工作任务为期限的，劳动合同不得约定试用期

C. 同一用人单位与同一劳动者只能约定一次试用期

D. 非全日制用工可以约定试用期

6. 库存商品明细账一般都采用(　　)账簿。

A. 订本式　　B. 三栏式　　C. 分类　　D. 数量金额式

7. 下列各项中，不需要归结到存货成本核算的是(　　)。

A. 购买产品发生的运输费

B. 为特定客户设计产品发生的设计费用

C. 自然灾害导致的存货毁损

D. 存货入库后为达到下一生产阶段所必需的存储费用

8. 下列各项涉及交易费用的会计处理中错误的是(　　)。

A. 同一控制下，企业合并发生的直接相关费用计入当期损益

B. 定向增发普通股股票支付的券商手续费佣金等计入当期损益

C. 非同一控制下，企业合并发生的直接相关费用计入当期损益

D. 企业合并以外方式取得长期股权投资发生的直接相关费用，计入长期股权投资成本

9. 下列各项中关于以银行存款偿还所欠货款业务，对会计要素影响表述正确的是(　　)。

A. 一项资产增加，另一项资产等额减少

B. 一项资产与一项负债等额增加

C. 一项负债增加，另一项负债等额减少

D. 一项资产与一项负债等额减少

10. 甲公司 2024 年度取得销售货物收入 1 000 万元，发生的与生产经营活动有关的业务招待费支出 6 万元，甲公司在计算 2023 年度企业所得税应纳税所得额时，准予扣除的业务招待费支出为(　　)万元。

A. 3.6　　B. 4.97　　C. 5　　D. 6

11. 下列项目中，适用于单件、小批生产企业的产品成本计算方法是(　　)。

A. 分批法　　B. 逐步结转分步法

C. 品种法　　D. 平行结转分步法

12. 同一企业在不同会计时期对于相同的交易或事项，应当采取一致的会计政策，不得随意变更，该表述体现的会计信息质量要求是(　　)。

A. 可理解性　　B. 可比性　　C. 重要性　　D. 谨慎性

13. 甲公司系增值税一般纳税人，销售设备适用的增值税税率为 13%，2024 年 9 月 31 日以不含增值税的价格 120 万元售出 2017 年购入的一台生产用机床，增值税销项税额为 15.6 万元，该机床原价为 220 万元，不含增值税，已计提折旧 120 万元，已计提减值准备 20 万元，不考虑其他因素，甲公司处置该机床的利得为(　　)万元。

A. 58　　B. 55.6　　C. 20　　D. 40

14. 下列各项中，有关应付职工薪酬说法正确的是(　　)。

A. 为职工支付的住房公积金属于职工薪酬

B. 发放给职工的资产产品与外购产品不属于职工薪酬

C. 因解除与职工的劳动关系给予的补偿不属于职工薪酬

D. 给员工买的商业保险不属于职工薪酬

15. 某商场采用售价金额核算法对库存商品进行核算，本月月初库存商品进价总成本 30 万元，售价总额 46 万元；本月购进商品进价成本总额 40 万元，售价总额 54 万元；本月销售商品售价总额 80 万元，假设不考虑相关税费，该商场本月销售商品的实际成本为(　　)。

A. 46 万元　　B. 56 万元　　C. 70 万元　　D. 80 万元

16. 下列各项中，关于财务报表附注的表述不正确的是(　　)。

A. 附注中应当披露财务报告的编制基础

B. 企业的业务性质和主要经营活动需要在附注中披露

C. 不重要的会计政策和会计估计也应当在附注中披露

D. 附注中包括会计政策和会计估计变更以及差错更正的说明

17. 某企业年初利润分配—未分配利润科目借方余额为 150 万元，当年实现净利润为 250 万元，不考虑其他因素，该企业年末可供分配利润为(　　)。

A. 100 万元　　B. 400 万元　　C. 300 万元　　D. 200 万元

18. 根据支付结算法律制度的规定，有关票据追索权的下列表述中，不正确的是(　　)。

A. 持票人可以向全体债务人行使追索权

B. 持票人可以不按照票据债务人的先后顺序行使追索权

C. 持票人不得在票据到期前行使追索权

D. 追索权是第二顺序票据权利

19. 根据会计法律制度的规定，下列事业单位中，没有违背会计人员回避制度规定的是(　　)。

A. 甲单位法定代表人的妻子担任本单位财务部门经理

B. 乙单位会计科科长的女儿担任本部门出纳员

C. 丙单位法定代表人的儿子担任本单位财务部门经理

D. 丁单位财务处处长的同学担任本部门出纳员

20. 甲公司按法定程序报经批准后，采用收购本公司股票方式减资，购回股票支付价款低于股票面值总额的，所注销库存股账面余额与冲减股本的差额应计入(　　)。

A. 盈余公积　　B. 营业外收入

C. 资本公积　　D. 未分配利润

二、多选题(本大题共 20 小题，每小题 3 分，共 60 分。在每小题给出的四个选项中，有两项或两项以上是符合题目要求的。多选、少选不给分)

21. 李某持有一张工商银行发行的借记卡，该卡具备的功能有(　　)。

A. 存取款　　B. 透支　　C. 网上购物　　D. 投资理财

22. 下列各项，通过"其他应付款"科目核算的有(　　)。

A. 应付长期租入固定资产租金　　B. 为职工垫付的水费

C. 应付租入包装物租金　　D. 存入保证金

23. 下列各项中，以"资产=负债+所有者权益"会计恒等式为理论依据的有(　　)。

A. 平行登记　　B. 复式记账

C. 编制资产负债表　　D. 成本计算

24. 工业企业的成本核算对象应当根据企业生产经营特点和管理要求加以确定，一般情况下，可以选择(　　)确定为成本核算对象。

A. 生产时间　　B. 生产批别　　C. 生产步骤　　D. 产品品种

25. 下列各项中，会引起企业"实收资本"科目发生增加变动的有(　　)。

A. 资本公积转增资本　　B. 购买交易性金融资产

C. 盈余公积转增资本　　D. 接受捐赠

26. 下列各项中，增值税一般纳税人不需要转出进项税额的有(　　)。

A. 自制产成品用于职工福利

B. 自制产成品用于对外投资

C. 外购的原材料因管理不善发生非正常损失

D. 外购的生产用原材料改用于自建设备

27. 下列各项经济事项中，体现谨慎性的有(　　)。

A. 固定资产加速折旧

B. 计提存货跌价准备

C. 或有应付金额符合或有事项确认负债条件的确认预计负债

D. 计提产品质量保证金

28. 下列各项中，可能影响利润表"所得税费用"项目金额的有(　　)。

A. 当期应交所得税　　B. 递延所得税收益

C. 递延所得税费用　　D. 代扣代缴的个人所得税

29. 2024 年 7 月 14 日，A 公司向 B 公司购买了一批货物并签发了一张支票给 B 公司，2024 年 8 月 13 日，B 公司提示付款途中遗失票据，下列关于 B 公司票据权利丧失补救的说法中正确的有(　　)。

A. 可以办理挂失止付　　B. 只能办理挂失止付

C. 不可以办理挂失支付　　D. 可以办理公示催告

30. 下列各项中，会影响管理费用的有(　　)。

A. 现金盘点，发生无法查明原因的现金盘亏

B. 存货盘点，发现存货盘亏，由管理不善造成的净损失

C. 固定资产盘点，发现固定资产盘亏，盘亏的净损失

D. 现金盘点，发生无法查明原因的盘盈

31. 根据税收征收管理法律制度的规定，下列各项中，税务机关有权核定其应纳税额的有(　　)。

A. 纳税人申报的计税依据明显偏低，又无正常理由的

B. 依照法律和行政法规的规定可以不设置账簿的

C. 擅自销毁账簿的

D. 拒不提供纳税资料的

32. 关于会计基本假设，下列各项表述中正确的有(　　)。

A. 会计主体确定了会计核算的空间范围

B. 会计主体就是法律主体

C. 会计分期假设就是权责发生制的产生依据

D. 持续经营是会计分期的前提

33. 根据企业所得税法律制度的规定，纳税人实际发生符合条件的下列支出中，对超过规定限额的部分，准予在以后纳税年度结转扣除的有(　　)。

A. 广告费和业务宣传费　　B. 职工教育经费

C. 职工福利费　　D. 业务招待费

34. 根据个人所得税法律制度的规定，下列属于综合所得的有(　　)。

A. 工资薪金所得　　B. 财产租赁所得

C. 劳务报酬所得　　D. 经营所得

35. 下列各项中，应在企业财务报表附注中披露的内容有(　　)。

A. 财务报表的编制基础

B. 会计政策和会计估计变更以及差错更正的说明

C. 重要会计政策和会计估计

D. 遵循企业会计准则的声明

36. 下列各项表述中，符合企业会计准则规定的有(　　)。

A. 筹建期间发生的开办费直接计入当期管理费用

B. 负债是企业承担的现时义务

C. 能为企业带来经济利益是资产的一个本质特征

D. 对子公司投资采用权益法核算

37. 下列各项中，不会引起期末存货账面价值发生变动的有(　　)。

A. 已发出商品但尚未确认销售收入　　B. 发生的存货盘亏

C. 委托外单位加工发出的材料　　D. 冲回多计提的存货跌价准备

38. 单位存款人申请变更预留银行的单位财务专用章印鉴，下列表述中正确的有(　　)。

A. 不能重新开立单位存款账户

B. 需要提供单位书面申请

C. 需要提供原预留财务专用章

D. 法定代表人可直接办理，也可授权他人办理

39. 下列错误不能通过试算平衡查找的有(　　)。

A. 某项业务借贷金额不等　　B. 某项业务重记

C. 某项业务漏记　　D. 某项业务借贷方向反向

40. 下列账页格式选用正确的有(　　)。

A. "预收账款"明细账采用三栏式账页

B. "原材料"明细账采用数量金额式账页

C. "生产成本"明细账采用多栏式账页

D. "生产成本"总账采用三栏式账页

三、案例解析题(本大题共2小题，共24分)

41. 顺风公司2024年年末盘盈设备一台，八成新，该设备市场同类产品价格为10 000元，该公司批准处理前填制的记账凭证是　借：固定资产 8 000　贷：待处理财产损溢 8 000，并已登账。使用转账支票支付生产车间固定资产日常修理费4 680元。填制的记账凭证是　借：制造费用 4 068　贷：银行存款 4 068，并已登账。

要求：

(1) 指出上述错账错在何处。(6分)

(2) 指出上述错账的更正方法。(2分)

(3) 更正错账，简要写出更正过程及相关会计分录。(8分)

42. 湖南湘香卷烟制造有限公司为增值税一般纳税人，主要经营范围是卷烟生产以及销售和出口烟丝加工等，2月份发生以下业务：

① 委托加工收回烟丝价值60 000元，由加工单位代收代缴消费税18 000元。

② 公司销售甲级卷烟8箱120 000元，烟已发出并办妥托收手续，但货款尚未收到。

③ 公司为湖南鑫磊贸易公司加工80箱甲级特制烟，由湖南鑫磊贸易公司提供原材料，已收取加工费30 000元，辅料费20 000元，原材料成本500 000元(均不含增值税)，期末湖南鑫磊贸易公司将货物提走。

已知公司无期初库存委托加工的烟丝，期末库存的委托加工收回的烟丝15 000元。

要求：根据相关资料回答下列小题。注：计算结果保留两位小数。

(1) 计算本月可抵扣的消费税为多少元？(2分)

(2) 计算本月应缴纳消费税多少元？(3分)

(3) 代缴消费税多少元？(3分)

四、实务综合题(本大题共 266 分，其中制表及编制会计分录 220 分，编制资产负债表 46 分。往来账户、成本账户以及“应交税费”“应付职工薪酬”“应交增值税”应写明细项目，未写的每处扣 1 分。报表只要求填写期末余额)

43. 湖南向上啤酒有限公司是增值税一般纳税人，主要的经营范围为啤酒的生产与销售。适用的增值税税率13%，消费税税额为250元/吨，企业所得税税率25%，城市维护建设税税率7%，教育费附加3%，房产税税率1.2%。

原材料按计划成本法核算，库存商品、在产品均按实际成本法核算，低值易耗品领用采用一次转销法核算。存货发出计价方法采用移动加权平均法，确认收入同时结转成本。啤酒每箱20瓶，每瓶500克，建议零售价60元/箱。公司2024年6月初主要材料库存如下。[计算材料成本差异率时保留4位小数(百分比保留2位小数)，成本差异保留2位小数，先计算成本差异率，再计算成本差异]

固定资产按历史成本计价，采用年限平均法计提折旧，残值率为4%。无形资产按直线法进行摊销，使用年限：土地使用权40年，商标权20年，无预计净残值。

资料(一)

表1　期初余额表　　单位：元

总账科目	明细科目	借方余额	贷方余额
库存现金		24 445.00	
银行存款		4 500 000.00	
应收票据	金泰商贸有限公司	357 600.00	
应收账款	友谊贸易有限公司	1 500 000.00	
	天腾贸易有限公司	900 000.00	
坏账准备			119 944.00
其他应收款	李峰	50 000.00	
原材料		698 700.00	
材料成本差异			10 665.81
库存商品		1 077 000.00	
周转材料		90 000.00	
固定资产		6 497 000.00	
累计折旧			784 567.66
无形资产	土地使用权	2 000 000.00	
	商标权	100 000.00	
累计摊销			700 400.33
生产成本	直接材料	327 353.38	
	直接人工	33 238.61	
	制造费用	33 581.57	
	水电费	129 591.18	
应付票据			825 700.00
应付账款	香麦商贸有限公司		557 900.00
	金皓贸易有限公司		400 000.00
合同负债	世元商贸有限公司		1 000 000.00
应付职工薪酬	工资		413 460.45
应交税费	未交增值税		236 464.17
	城市维护建设税		27 166.62
	教育费附加		11 642.84
	地方教育附加		7 761.89
	消费税		151 630.42
	个人所得税		3 340.55
长期借款			3 000 000.00
实收资本			9 500 000.00
未分配利润			567 865.00
合计		18 318 509.74	18 318 509.74

表2　存货明细表

项目	单位	数量	实际总成本(元)	计划总成本(元)	材料成本差异(元)
原材料—大米	千克	63 000	269 230.77	283 500.00	−14 269.23
原材料—麦芽	千克	13 900	213 675.21	208 500.00	5 175.21
原材料—国产酒花	升	7 800	205 128.21	206 700.00	−1 571.79
周转材料—包装箱	个	90 000	90 000.00	—	—
库存商品—向上啤酒	箱	50 000	1 077 000.00	—	—

啤酒由于整个工艺流程不能间断，公司只生产向上啤酒，以品种法计算产品成本，发生的间接费用不通过“制造费用”单独核算，直接记入“生产成本”科目。公司设有一个基本生产车间和供水、供电两个辅助生产车间。采用约当产量法分配在产品和完工产品成本，原材料在生产开始时一次投入，设置在产品完工程度为50%，辅助生产费用采用交互分配法分配。

表3　本月生产数量　　单位：箱

本月完工产品数量	月末在产品数量	约当产量50%
77 200	19 300	9 650

资料(二)

2024年6月发生以下经济业务。

① 3日，出纳协助采购经理预借差旅费2 000元，企业以现金付讫。(5分)

② 3日，将收到的金泰商贸有限公司的商业汇票背书转让给金皓贸易有限公司用以支付前欠货款。(5分)

③ 4日，收到管理总监李峰归还个人借款，存入银行。(5分)

④ 4 日，从新发农贸有限公司购入原材料大米 103 400 千克，价款 450 000 元已付，大米属于免税农产品。材料已验收入库，计划成本为 465 296 元。(10 分)

⑤ 4 日，从香麦商贸有限公司购入原材料麦芽一批，总价值 850 000 元，属于免税农产品，企业开出一张面值为 750 000 元的银行承兑汇票，余款暂未支付。该批材料的计划成本为 775 840 元。(10 分)

⑥ 5 日，湖南天腾贸易有限公司发生了严重的财务困难，短期内无法偿付货款，该货款已计提坏账准备 30 000 元。对方以一辆汽车进行清偿，该汽车双方评估价值为 450 000 元，开出的增值税专用发票注明税额 58 500 元，同时支付银行存款 394 500 元。(5 分)

⑦ 5 日，从金皓贸易有限公司购入原材料进口酒花，价款 480 000 元，增值税 62 400 元，已通过银行存款支付。材料已验收入库，计划成本为 500 000 元。(10 分)

⑧ 7 日，湖南世元商贸有限公司订购向上啤酒 27 800 箱，单价 60 元/箱，因成批购买给予 5% 的商业折扣，货物已发出，代垫运费 8 000 元，开出销售货物增值税专用发票。为了对方及早还款，给予的现金折扣条件为 1/20，n/30，20 天内付款的概率为 90%，20 天后付款的概率为 10%。计算现金折旧不考虑增值税。(15 分)

⑨ 11 日，结转本月发出原材料成本，其中大米计划单价 4.5 元/千克，发出 58 000 千克；麦芽计划单价 15 元/千克，发出 23 000 千克；国产酒花计划单价 26.5 元/升，发出6 240 升；包装箱 80 000 个。(5 分)

⑩ 11 日，将自产啤酒 200 箱用于业务招待。(5 分)

⑪ 12 日，支付广告费 520 000 元，取得增值税专用发票。(5 分)

⑫ 12 日，委托华恒商贸有限公司销售 20 000 箱向上啤酒，商品已发出。双方约定销售价格为 58 元/箱、按销售收入的 3% 支付手续费，至月末收到对方的代销清单和手续费专用发票，清单显示销售商品 16 500 箱，当天收到除手续费以外的全部价款。(25 分)

⑬ 13 日，转账缴纳上月所欠税费。(5 分)

⑭ 15 日，通过银行全额发放上月工资。(5 分)

⑮ 21 日，取得银行账户利息收入 2 695 元。(5 分)

⑯ 21 日，收到世元商贸有限公司货款。(5 分)

⑰ 30 日，分配本月工资 330 400 元，其中生产工人工资 91 100 元，车间管理人员工资 33 000 元，销售部门人员工资 95 600 元，管理部门人员工资 110 700 元。(5 分)

⑱ 30 日，摊销无形资产。(5 分)

⑲ 30 日，全面资产清查，发现盘亏笔记本一台，该电脑原价 15 000 元，已计提折旧 3 420 元，购入时增值税为 1 950 元，当日得到上级批准转销盘亏损失。(10 分)

⑳ 30 日，计提折旧(表 4)。(5 分)

表 4　折旧计算表

部门	名称	原值(元)	年限(年)
生产车间	厂房	1 500 000.00	20
	生产设备	1 235 000.00	10
	小计	2 735 000.00	—

续表

部门	名称	原值(元)	年限(年)
管理部门	办公楼	2 800 000.00	20
	运输设备	750 000.00	4
	电子设备	212 000.00	3
	小计	3 762 000.00	—
合计		6 497 000.00	—

㉑ 30 日，缴纳水费 404 740 元，增值税 36 423.6 元；缴纳电费 136 160 元，增值税 17 700.8 元。(5 分)

㉒ 30 日，分配辅助生产成本，计算并完成表 5(分配率及金额保留 2 位小数，计算尾差计入行政部门)。(每空 0.5 分，10 分，分录 10 分，共 20 分)

表 5　辅助生产成本分配表　　单位：元

项目		供水车间			供电车间			合计
		数量	分配率	金额	数量	分配率	金额	
待分配辅助生产费用		82 600			46 000			
交互分配	供水车间	—	—	—	6 000	—		—
	供电车间	20 000	—		—	—	—	—
对外分配		62 600			40 000			—
对外分配	生产部门	41 000	—		20 000	—		
	管理部门	16 000	—		15 000	—		
	销售部门	5 600	—		5 000	—		

㉓ 30 日，完工产品 77 200 箱入库，结转完工产品成本。(分配率保留 4 位小数，金额保留 2 位小数，尾差计入月末在产品成本)(5 分)

㉔ 30 日，计提“应收账款”坏账准备，计提比例为 5%。(5 分)

㉕ 30 日，结转本月应交增值税。(5 分)

㉖ 30 日，计提城市维护建设税、教育费附加。(5 分)

㉗ 30 日，计提房产税、城镇土地使用税。房产原值为 4 300 000 元，扣除率为 20%，应税面积为 1 500 平方米，单位税额为 14 元/平方米。(5 分)

㉘ 30 日，计算并结转本月所得税(不考虑纳税调整项)。(10 分)

㉙ 30 日，结转损益。(10 分)

要求：

(1) 根据上述业务编制会计分录，并将相关表格填写完整。(29 小题，共 220 分)

(2) 根据上述资料编制资产负债表。(需填列的报表项目，每空 2 分，共 46 分)

表 6　资产负债表(简表)

编制单位：湖南向上啤酒有限公司　　　**2024 年 6 月 30 日**　　　单位：元

资产	期末余额	负债及所有者权益	期末余额
流动资产：		流动负债：	
货币资金	①	应付票据	⑩
应收账款	②	应付账款	⑪
其他应收款	③	应付职工薪酬	⑫
存货	④	应交税费	⑬
流动资产合计	⑤	合同负债	⑭
		流动负债合计	⑮
非流动资产：		非流动负债：	
固定资产	⑥	长期借款	⑯
无形资产	⑦	预计负债	⑰
非流动资产合计	⑧	非流动负债合计	⑱
		负债合计	⑲
		所有者权益：	
		实收资本	⑳
		未分配利润	㉑
		所有者权益合计	㉒
资产总计	⑨	负债及所有者权益合计	㉓

学号：__________ 班级：__________ 姓名：__________

密 封 线 内 不 要 答 题

普通高等学校对口招生考试模拟(三)

财会类专业综合知识试题

本试题卷共四大题，43 小题。时量 150 分钟，满分 390 分

一、单选题(本大题共 20 小题，每小题 2 分，共 40 分。在每小题给出的四个选项中，只有一项是符合题目要求的)

1. 下列关于记账本位币的规定，说法不正确的是(　　)。

A. 我国境内各单位的会计核算以人民币为记账本位币

B. 业务收支以人民币以外的货币为主的单位，可以选定其中一种货币作为记账本位币

C. 以人民币以外的货币作为记账本位币的，编制财务会计报告也应当使用该货币

D. 以人民币以外的货币作为记账本位币的，但是编制的财务会计报告应当折算为人民币

2. 下列各项中，不属于财政部实施会计监督检查内容的是(　　)。

A. 各单位是否依法设置会计账簿

B. 各单位是否按照税法的规定按时足额纳税

C. 各单位会计核算是否符合法定要求

D. 各单位是否按照实际发生的经济业务进行会计核算

3. 根据支付结算法律制度的规定，下列关于信用卡的表述中，错误的是(　　)。

A. 信用卡持卡人通过 ATM 等自助机具办理现金提取业务，每卡每日累计不得超过人民币 1 万元

B. 信用卡透支利率的上限为日利率万分之五，下限为日利率万分之五的 0.8 倍

C. 信用卡溢缴款是否计息及其利率标准，由发卡机构自主确定

D. 发卡机构向信用卡持卡人提供超过授信额度用卡的，不得收取超限费

4. 资产负债表日，交易性金融资产的公允价值高于其账面余额的差额，借记“交易性金融资产”科目，贷记(　　)。

A.“公允价值变动损益”科目　　B.“投资收益”科目

C.“交易性金融资产”科目　　D.“长期股权投资减值准备”科目

5. 利润总额为 500 万元，应纳税所得额为 480 万元，所得税税率为 25%，递延所得税资产增加 8 万元，所得税费用为(　　)。

A. 120 万元　　B. 112 万元

C. 125 万元　　D. 117 万元

6. 下列各项中，属于长期待摊费用的是(　　)。

A. 租入的使用权资产发生的改良支出

B. 自有固定资产的改良支出

C. 管理部门固定资产的日常修理费

D. 生产设备的折旧费

7. 2024 年 10 月，天逸企业本月投产 M 产品 260 件，期末完工 M 产品 160 件、在产品 100 件；在产品的平均完工程度为 40%，发生生产成本合计 100 万元，材料按生产进度陆续投入。按照约当产量比例法计算本月完工 M 产品应分配的生产成本为(　　)。

A. 100 万元　　B. 64 万元

C. 80 万元　　D. 20 万元

8. 自立企业生产冰箱有三道工序。第一道工序要 300 个小时，第二道工序要 200 个小时，第三道工序要 300 个小时，已知第一道工序在产品 600 件，第二道工序在产品 320 件，假定各工序内在产品完工程度平均为 50%，第二道工序在产品的约当产量是(　　)。

A. 160 件　　B. 113 件

C. 320 件　　D. 300 件

9. 下列各项中，可以根据总账科目余额的期末余额直接填列的是(　　)。

A. 货币资金　　B. 其他应付款

C. 短期借款　　D. 预收款项

10. 关于会计记录文字的论述，下列说法中错误的是(　　)。

A. 会计记录文字应当用中文

B. 会计记录文字不可以用外国文字

C. 民族自治地方的单位的会计记录文字可以同时使用当地通用的一种民族文字

D. 在中国境内的外商投资企业、外国企业和其他外国组织的会计记录文字可以同时使用一种外国文字

11. 某单位从超市购买一批食品，作为福利发放给单位员工，要求超市开具办公用品发票，该发票属于(　　)。

A. 不合法的原始凭证　　B. 不真实的原始凭证

C. 不合法的记账凭证　　D. 不真实的记账凭证

12. 根据支付结算法律制度的规定，某支票的出票日期为 2021 年 10 月 20 日，下列选项中，填写正确的是(　　)。

A. 贰零贰壹年拾月贰拾日　　B. 贰零贰壹年壹拾月零贰拾日

C. 贰零贰壹年零壹拾月零贰拾日　　D. 贰零贰壹年壹拾月贰拾日

13. 根据支付结算法律制度的规定，下列关于预付卡的表述不正确的是(　　)。

A. 预付卡以人民币计价，不具有透支功能

B. 记名预付卡可挂失，可赎回，不得设置有效期

C. 不记名预付卡有效期不得低于 5 年

D. 单张记名预付卡资金限额不得超过 5 000 元，单张不记名预付卡资金限额不得超过 1 000 元

14.“坏账准备”科目期末如为贷方余额，其反映的内容是(　　)。

A. 企业已提取但尚未转销的坏账准备金额

B. 已经发生的坏账损失

C. 本年冲减的坏账准备金额

D. 上年年末坏账准备的余额小于本年确认的坏账损失部分

15. 风起企业为增值税一般纳税人，委托外单位加工一批材料，发出材料的实际成本为200万元，支付加工费10万元，取得的增值税专用发票上注明的增值税为1.3万元，受托方代收代缴的可抵扣消费税30万元，企业收回这批材料后用于继续加工应税消费品，该批材料加工收回后的入账价值为(　　)。

A. 240万元　　B. 210万元

C. 211.3万元　　D. 241.3万元

16. 根据企业所得税法律制度，下列固定资产可以计算折旧税前扣除的是(　　)。

A. 已足额提取折旧仍继续使用的固定资产

B. 以融资租赁方式租出的固定资产

C. 未投入使用的房屋

D. 单独估价作为固定资产入账的土地

17. 关于会计档案的移交，下列表述中不正确的有(　　)。

A. 纸质会计档案移交时应当保持原卷的封装

B. 电子会计档案移交时应当与其元数据一并移交，且文件格式应当符合国家档案管理的有关规定

C. 特殊格式的电子会计档案应当与其读取平台一并移交

D. 单位会计管理机构在办理会计档案移交时，应当编制会计档案移交清册，不需要办理移交手续

18. 下列关于会计目标的说法正确的是(　　)。

A. 会计目标是将财务报告给投资者内部使用

B. 会计目标是要求会计工作完成的任务或达到的标准

C. 会计目标是按照更有利于吸引投资者的方向篡改数据

D. 会计目标反映企业投资者受托责任的履行情况

19. 里湖公司总资产3 000万元，公司员工180人，2021年第一季度企业所得税应纳税所得额为50万元，公司会计预缴申报企业所得税时，预缴税额应为(　　)。

A. 2.5万元　　B. 1.25万元

C. 1万元　　D. 12.5万元

20. “参与管理”要求会计人员(　　)。

A. 间接参与管理　　B. 直接进行决策

C. 只需要服从安排　　D. 直接组织活动

二、多选题(本大题共20小题，每小题3分，共60分。在每小题给出的四个选项中，有两项或两项以上是符合题目要求的。多选、少选不给分)

21. 下列各项中，可以用来登记记账凭证的原始凭证有(　　)。

A. 根据每一张原始凭证填制

B. 根据若干张同类原始凭证汇总填制

C. 根据原始凭证汇总表填制

D. 根据不同内容和不同类别的原始凭证汇总填制

22. 在计算企业所得税时，允许扣除的税金有(　　)。

A. 增值税　　B. 消费税

C. 印花税　　D. 个人所得税

23. 下列原始凭证中，属于一次凭证的有(　　)。

A. 收据　　B. 发货票

C. 收料单　　D. 工资汇总表

24. 下列各项中，属于生活服务的是(　　)。

A. 餐饮住宿服务　　B. 居民日常服务

C. 旅游娱乐服务　　D. 道路通行服务

25. 下列各项中，导致企业固定资产账面价值减少的事项有(　　)。

A. 确认固定资产减值损失　　B. 提前报废固定资产

C. 盘亏固定资产　　D. 对固定资产计提折旧

26. 下列各项中，关于会计职能的说法正确的有(　　)。

A. 会计基本职能是核算职能和参与经济决策职能

B. 会计核算与会计监督是相辅相成、辩证统一的

C. 会计核算是会计监督的保障，只有监督没有核算，就难以保证信息的准确性

D. 会计拓展职能有预测经济前景、评价经营业绩等

27. 下列应采用红字更正法的有(　　)。

A. 记账凭证无误，属于登账时笔误造成

B. 记账凭证科目有误，导致登账错误

C. 记账凭证金额有误，所记金额比应记金额小

D. 记账凭证金额有误，所记金额比应记金额大

28. 下列各项中，企业摊销管理用的无形资产应记入的会计科目有(　　)。

A. 管理费用　　B. 累计摊销

C. 其他业务成本　　D. 制造费用

29. 下列各项中，我国企业可以采用的发出存货成本的计价方法有(　　)。

A. 先进先出法　　B. 移动加权平均法

C. 后进先出法　　D. 成本与可变现净值孰低法

30. 下列各项中，不考虑其他因素，属于合同履约成本的有(　　)。

A. 由客户承担的场地清理费

B. 支付给直接为客户提供所承诺服务的人员的工资

C. 销售人员佣金

D. 因合同而发生的设计和技术援助费用

31. 浪淘企业的单位负责人为了粉饰业绩，指使会计人员使用伪造经济合同、推迟费用报销入账等手段，虚增利润五百多万元，造成极坏的社会影响。下列说法中正确的是(　　)。

A. 该单位负责人不得授意、指使、强令会计人员违法办理会计事项

B. 该单位负责人应该对本单位的会计工作和会计资料的真实性、完整性负责

C. 该企业的相关会计人员应当对该事件负全责

D. 该企业的会计机构负责人应当对该事件负全责

32. 根据增值税法律制度的规定，下列关于包装物押金和租金的说法中正确的有(　　)。

A. 对销售啤酒而收取的 1 年以上的押金，无论是否退还均并入销售额征税

B. 包装物押金是含税收入，在并入销售额征税时，需要先将该押金换算为不含税收入，再计算应纳增值税款

C. 包装物押金不同于包装物租金，包装物租金属于价外费用，在销售货物时随同货款一并计算增值税款

D. 对销售除啤酒、黄酒外的其他酒类产品而收取的包装物押金，无论是否返还以及会计上如何核算，均应并入当期销售额征收增值税

33. 风华公司“盈余公积”年初余额为 600 万元，本年提取法定盈余公积 200 万元，提取任意盈余公积 50 万元，用盈余公积转增资本 150 万元，用盈余公积发放现金股利 60 万元，假定不考虑其他因素，以下说法中正确的有(　　)。

A. 所有者权益总额不变　　　B. 所有者权益减少 60 万元

C. 留存收益减少 60 万元　　　D. 留存收益减少 210 万元

34. 下列各项中，影响固定资产折旧的主要因素有(　　)。

A. 折旧的年限　　　B. 固定资产原价

C. 预计净残值　　　D. 已计提的固定资产减值准备

35. 属于设定提存计划的职工薪酬有(　　)。

A. 工伤保险费　　　B. 生育保险费

C. 失业保险　　　D. 职工养老保险

36. 下列各项中，应计入企业存货成本的有(　　)。

A. 存货加工过程中发生的直接人工成本

B. 为特定客户设计产品的可直接确定的设计费用

C. 购买存货时支付的进口关税

D. 存货采购运输途中发生的定额内合理耗损

37. 下列各项中，应计入制造费用的有(　　)。

A. 生产用固定资产的折旧费　　　B. 生产车间管理用具的摊销

C. 预计产品质量保证损失　　　D. 管理用固定资产的折旧费

38. 下列各项中，企业应在期末资产负债表“存货”项目中填列的有(　　)。

A. 工程物资　　　B. 发出商品

C. 生产成本　　　D. 商品进销差价

39. 根据增值税法律制度的规定，下列各项中，不可以从销项税额中抵扣进项税额的是(　　)。

A. 因管理不善被盗材料所支付的增值税款

B. 购进用于集体福利的商品所支付的增值税款

C. 购进生产用电力所支付的增值税款

D. 购进用于个人消费的材料所支付的增值税款

40. 根据会计法律制度的规定，以下各项中，长乐国有企业单位负责人王开不能任命(　　)为该公司机构负责人。

A. 王开的儿子王乐　　　B. 王开的大学同学

C. 王开的老婆李琴的哥哥李海　　　D. 王乐的叔叔王心

三、案例解析题(本大题共 2 小题，共 40 分)

41. 2024 年 2 月 5 日，乐活公司收到裕田公司的一张非现金银行本票，出票金额为 50 万元。2 月 8 日，乐活公司将该本票转让给风华公司，同日，因管理不善，风华公司将该本票遗失，被张某盗取。2 月 18 日，张某将该本票转让给知情人妙妙企业。

要求：根据上述资料，回答下列问题。

(1) 银行本票的必须记载事项有哪些？(6 分)

(2) 写出银行本票的提示付款期限和权利时效。(4 分)

(3) 风华公司丢失票据后，可以采取哪些丧失补救措施？(3 分)

(4) 妙妙企业支付对价取得该银行本票后，是否具备票据权利？请说明理由。(6 分)

42. 天天公司为居民企业，企业所得税税率为25%，主要从事不锈钢用品的生产和销售业务，2023年度有关经济业务如下：

① 产品销售收入1 800万元，销售材料收入40万元，国债利息收入5万元。

② 产品销售成本700万元，销售材料成本30万元。

③ 实发合理工资、薪金总额100万元，发生职工教育经费支出5万元，职工福利费支出15万元，拨缴工会经费2万元。

④ 支付人民法院诉讼费3万元，税收滞纳金8万元，合同违约金5万元，银行罚息6万元。

⑤ 因管理不善导致一批材料被盗，原材料成本10万元，增值税进项税额1.3万元，取得保险公司赔款6万元，原材料损失已经税务机关核准。

⑥ 2024年3月，天天公司在进行纳税申报时，将销售成本虚报了30万元。

要求：根据上述资料，不考虑其他因素，分析回答下列问题。

(1) 不征税收入包括哪些？(3分)

(2) 计算天天公司2023年利润总额。(4分)

(3) 计算天天公司2023年企业所得税应纳税所得额。(4分)

(4) 计算天天公司2023年应纳企业所得税。(4分)

(5) 天天公司虚报成本属于什么行为？应承担的法律责任是什么？(6分)

四、实务综合题(本大题共250分，其中编制会计分录198分，编制资产负债表52分。"应收票据""应收账款""预付账款""应付票据""应付账款""预收账款""应交税费""应付职工薪酬""生产成本"应写明细科目，"生产成本""应交增值税"应写明细项目，未写的每处扣1分，报表只要求填写期末余额)

43. 湖南ABC有限公司(以下简称ABC公司)位于湖南省长沙市岳麓区丰台路，为增值税一般纳税人，增值税税率13%，企业所得税税率25%，城市维护建设税税率7%，教育费附加税率3%，地方教育附加税率2%，主要生产甲产品与乙产品，两种产品属于单步骤生产，均采用品种法计算产品成本。原材料按先进先出法计价，默认甲产品先于乙产品领用材料。库存商品、在产品均按实际成本法核算，发出时采用月末一次加权平均法核算，低值易耗品领用采用一次转销法核算。制造费用核算基本生产车间发生的间接费用，按产品生产工时比例分配制造费用。生产两种产品共同耗用的车间生产工人工资、福利费、社会保险费、公积金，按两种产品的实际生产工时比例进行分配。计算时，尾差计入乙产品。产品成本按约当产量法在甲产品与乙产品的完工产品与月末在产品之间分配生产费用，原材料一次性投入，完工率为50%。计算时，分配率保留4位小数，金额保留2位小数。

计算企业所得税时，企业实际发生的研究开发费用可以加计扣除75%。

固定资产按历史成本计价，并从其达到预定可使用状态的次月起，采用直线法计提折旧，残值率为4%。无形资产按直线法进行摊销，采用成本模式对投资性房地产进行计量。

资料(一)

相关资料见表1~表8。

表1　固定资产明细表

部门	名称	使用日期	摊销年限(年)	原值(元)
生产部门	房屋	2015年12月	20	3 000 000.00
	机器设备	2015年12月	10	1 500 000.00
	生产线	2015年12月	10	300 000.00
	监控机	2015年12月	3	20 000.00
	电脑	2020年12月	5	50 000.00
	空调	2016年12月	4	50 000.00
	消毒器材	2017年12月	3	150 000.00
销售部门	电脑	2019年12月	5	50 000.00
管理部门	小汽车	2015年12月	4	450 000.00
	电脑	2020年12月	5	50 000.00
	空调	2016年12月	4	30 000.00
	打印机	2020年12月	3	30 000.00

表2 无形资产明细表

名称	取得日期	摊销年限(年)	原值(元)
土地使用权	2015年12月	40	5 000 000.00
MI专利权	2021年1月	10	1 800 000.00

表3 定额生产工时表

产品名称	生产工时(小时)
甲产品	7 000.00
乙产品	2 000.00

表4 6月生产明细表 单位：台

产品名称	月初在产品数量	本月投产数量	本月完工产品数量	月末在产品数量
甲产品	200	300	280	220
乙产品	420	500	650	270

表5 6月初在产品成本明细表 单位：元

产品	直接材料	人工	制造费用
甲产品月初在产品	452 879.00	46 719.00	9 898.00
乙产品月初在产品	269 570.00	13 240.00	3 654.00

表6 6月初原材料成本表

名称	单位	数量	单价(元)
A材料	台	500	510.00
B材料	台	500	700.00
C材料	套	1 000	400.00
D材料	个	600	100.00
E材料	个	300	600.00

表7 6月初库存商品成本表

产品名称	月初库存品数量(台)	月初库存品单位成本(元)
甲产品	400	3 195.00
乙产品	800	1 500.00

表8 资产负债表

编制单位：ABC公司 2024年5月31日 单位：元

资产	期末余额	负债和所有者权益	期末余额
流动资产：		流动负债：	
货币资金	13 658 668.85	应付账款	560 000.00
交易性金融资产	430 000.00	合同负债	200 000.00
应收票据	8 009 161.00	应付职工薪酬	394 064.40
存货	4 518 960.00	应交税费	821 858.86
		其他应付款	2 500.00
		流动负债合计	1 978 423.26
流动资产合计	26 616 789.85	负债合计	1 978 423.26
非流动资产：		所有者权益：	
固定资产	4 568 839.45	实收资本(或股本)	30 000 000.00
无形资产	4 615 683.96	资本公积	1 200 000.00
		盈余公积	565 000.00
		未分配利润	2 057 890.00
非流动资产合计	9 184 523.41	所有者权益合计	33 822 890.00
资产总计	35 801 313.26	负债和所有者权益总计	35 801 313.26

资料(二)

2024年6月发生下列经济业务：

①1日，以其他货币资金7 500 000元从证券市场购入H公司400 000股股票准备长期持有，占H公司30%股份，对H公司产生重大影响，另以其他货币资金支付相关税费20 000元，ABC公司将该项投资采用权益法核算。购入当天，H公司净资产的公允价值总额为26 800 000元(公允价值与账面价值一致)。(5分)

②2日，向建设银行借入一年期贷款2 000 000元，年利率6%。(5分)

③5日，用银行存款购入写字楼一栋用于出租，取得增值税专用发票上注明金额1 000 000元。(5分)

④6日，用银行存款支付车间设备维修费15 000元，取得增值税普通发票。(5分)

⑤8日，向N有限公司购入A材料600台，不含税单价500元/台；B材料540台，不含税单价800元/台；C材料600套，单价380元/套；D材料700个，单价110元/个；E材料150个，单价600元/个，取得增值税专用发票，材料已验收入库，ABC公司以银行承兑汇票付清款项。(5分)

⑥9日，销售部李现报销差旅费，取得注明个人身份信息的高铁票2张，512元/张；取

得餐饮费普通发票注明餐饮费200元，住宿费专用发票注明不含税住宿费600元，出纳通过支付宝支付。(5分)

⑦ 10日，生产车间领用原材料。甲产品领用A材料200台、B材料400台、C材料250套、D材料300个、E材料200个；乙产品领用A材料600台、C材料600套、D材料300个。(5分)

⑧ 12日，进行原材料清查，发现损坏D材料50个，原因尚未查明。(5分)

⑨ 15日，销售给湖南孟丽商贸有限公司甲产品60台，不含税售价4 800元/台；乙产品450台，不含税售价1 920元，收到一张1 101 760元转账支票，上月已预收200 000元，开出增值税专用发票。(5分)

⑩ 16日，通过证券交易市场出售股票20 000股，每股售价14.80元。(该股票于2020年9月以每股15.5元价格购入，购入时支付手续费1 600元，5月31日，该股票每股价值14.5元，已确认公允价值变动)(5分)

⑪ 17日，经查实，D材料因自然灾害损坏。(5分)

⑫ 20日，发放上月工资费用312 400元，其中代扣社会保险20 541元、住房公积金31 600元、个人所得税480.52元。(5分)

⑬ 21日，缴纳上月社会保险费和住房公积金。其中，单位缴纳社会保险50 064.40元，个人代扣社会保险20 541元；单位缴纳住房公积金31 600元，个人代扣住房公积金31 600元。(5分)

⑭ 21日，缴纳上月增值税453 765元、城市维护建设税31 763.55元、教育费附加13 612.95元、地方教育附加9 075.30元、个人所得税480.52元。(5分)

⑮ 22日，缴纳水电费，其中水费2 200元，取得增值税专用发票注明增值税198元；电费4 360元，取得增值税专用发票注明增值税566.8元，已用银行存款付清。(5分)

表9　水电费使用表　　单位：元

部门	水费	电费
管理部门	230.00	960.00
销售部门	170.00	400.00
生产部门	1 800.00	3 000.00

⑯ 25日，收到出租写字楼租金，开出增值税普通发票注明不含税租金40 000元。(5分)

⑰ 25日，将自产的乙产品作为奖励发放给优秀员工，行政部、仓管部、财务部、销售部、生产部(甲)、生产部(乙)各一个名额，该产品不含税售价为2 000元。(10分)

⑱ 26日，自行研究开发净化技术，支付研究支出95 000元。(5分)

⑲ 27日，销售给M公司甲产品150台，售价7 500元；乙产品500台，售价2 100元，开出增值税专用发票，款项尚未收到，双方约定，给予M公司现金折扣，折扣条件为2/10、n/20，预计M公司10天内付款的概率为90%，现金折扣不考虑增值税。(5分)

⑳ 30日，支付广告费13 000元，取得增值税专用发票。(5分)

㉑ 30日，上月销售给L有限公司的20台甲产品存在问题，经协商，进行退货处理，该批产品售价6 800元，已开出红字专用发票，货款已退；经查询上月账簿，该批产品成本为80 000元(10分)

㉒ 30日，收到M公司货款。(5分)

㉓ 30日，银行扣除贷款利息。(5分)

㉔ 30日，结转本月研发支出费用。(5分)

㉕ 30日，计提本月工资，其中，总经办25 000元、行政部18 400元、采购部21 400元、仓管部21 400元、财务部26 000元、销售部68 000元、生产部主管8 600元、生产工人156 000元。(5分)

㉖ 30日，计提本月社会保险。其中，总经办2 720.8元、行政部2 720.8元、采购部3 568.8元、仓管部3 568.8元、财务部4 670元、销售部11 724元、生产部主管889元、生产工人20 578.9元。(5分)

㉗ 30日，计提本月公积金。(5分)

表10　公积金提取明细表　　单位：元

部门	人数	缴纳金额	
		个人	公司
管理部门	18	7 600.00	7 600.00
销售部门	16	6 000.00	6 000.00
车间主管	1	400.00	400.00
车间	20	7 600.00	7 600.00
合计		21 600.00	21 600.00

㉘ 30日，计提本月固定资产折旧。(5分)

㉙ 30日，计提本月无形资产摊销。(5分)

㉚ 30日，结转制造费用。(5分)

㉛ 30日，完工产品入库。(5分)

㉜ 30日，结转本月销售成本。(5分)

㉝ 30日，结转未交增值税。(5分)

㉞ 30日，计提城市维护建设税、教育费附加、地方教育附加。(5分)

㉟ 30日，计提企业所得税。(计算3分，分录5分)

㊱ 30日，结转损益。(10分)

要求：

(1) 根据上述经济业务编制会计分录。(36小题，共198分)。

(2) 根据上述资料编制资产负债表。(需填列的报表项目，每空2分，共52分)

表 11　资产负债表

编制单位：ABC 公司　　2024 年 06 月 30 日　　单位：元

资产	期末余额	负债和所有者权益	期末余额
流动资产		流动负债	
货币资金	①	短期借款	⑬
交易性金融资产	②	应付账款	⑭
应收票据	③	应付票据	⑮
应收账款	④	合同负债	⑯
存货	⑤	应付职工薪酬	⑰
		应交税费	⑱
		其他应付款	⑲
流动资产合计	⑥	负债合计	⑳
非流动资产：		所有者权益：	
长期股权投资	⑦	实收资本（或股本）	㉑
投资性房地产	⑧	资本公积	㉒
固定资产	⑨	盈余公积	㉓
无形资产	⑩	未分配利润	㉔
非流动资产合计	⑪	所有者权益合计	㉕
资产总计	⑫	负债和所有者权益总计	㉖

学号：________ 班级：________ 姓名：________

密 封 线 内 不 要 答 题

普通高等学校对口招生考试模拟(四)

财会类专业综合知识试题

本试题卷共四大题，43 小题。时量 150 分钟，满分 390 分

一、单选题(本大题共 20 小题，每小题 2 分，共 40 分。在每小题给出的四个选项中，只有一项是符合题目要求的)

1. 甲公司向乙公司签发金额为 300 000 元的支票用于支付货款，乙公司按期提示付款时被告知甲公司在付款人处实有的存款金额仅为 200 000 元，乙公司有权要求支付的赔偿金是(　　)。

A. 5 000 元　B. 2 000 元　C. 15 000 元　D. 6 000 元

2. 某大型发电企业产品的生产过程不能在技术上划分为步骤，则该企业适合采用的成本计算方法为(　　)。

A. 分批法　B. 品种法　C. 分步法　D. 定额法

3. 会计法律制度规定，下列各项中不属于会计核算主要内容的是(　　)。

A. 固定资产盘盈　B. 货币资金收入

C. 无形资产购入　D. 合同审核和签订

4. 向上公司对一座办公楼进行更新改造，该办公楼原值为 1 000 万元，已计提折旧 500 万元，更新改造过程中发生支出 600 万元，被替换部分账面原值 100 万元，出售价款为 2 万元，则新办公楼的入账价值为(　　)。

A. 1 100 万元　B. 1 050 万元　C. 1 048 万元　D. 1 052 万元

5. 以公允价值计量，且其变动计入当期损益的金融资产，其公允价值变动应计入(　　)。

A. 财务费用　B. 其他综合收益

C. 资本公积　D. 公允价值变动损益

6. 某企业于 2024 年 8 月接受一项产品安装任务，安装期为 7 个月，合同总收入 160 万元，年预收款项 105 万元，余款在安装完成时收回，预计总成本为 120 万元。2021 年年末，经专业测量师测量，产品安装程度为 70%。该项劳务影响 2024 年度利润总额的金额为(　　)。

A. 120 万元　B. 28 万元　C. 40 万元　D. 105 万元

7. 某企业于 2022 年 1 月 1 日购入一项专利权，实际支付款项 200 万元，按 10 年的预计使用寿命采用直线法摊销。2023 年年末，该无形资产的可收回金额为 120 万元，2024 年 1 月 1 日，对无形资产的使用寿命和摊销方法进行复核，该无形资产的尚可使用寿命为 4 年，摊销方法仍采用直线法。该专利权 2024 年应摊销的金额为(　　)。

A. 15 万元　B. 30 万元　C. 20 万元　D. 40 万元

8. 某公司 2024 年营业收入净额为 1 000 万元，该公司当年发生业务招待费 15 万元，且能提供有效凭证。计算企业应纳税所得额时，可以抵扣的业务招待费为(　　)。

A. 15 万元　B. 10 万元　C. 5 万元　D. 3 万元

9. 下列各项中，属于营业外支出的是(　　)。

A. 转销无形资产损失

B. 购买交易性金融资产发生的相关交易费用

C. 因管理不善造成的存货盘亏

D. 计提固定资产减值准备

10.《会计法》规定，我国会计年度自(　　)。

A. 农历 1 月 1 日起至 12 月 31 日止

B. 公历 1 月 1 日起至 12 月 31 日止

C. 公历 4 月 1 日起至次年 3 月 31 日止

D. 公历 10 月 1 日起至次年 9 月 30 日止

11. 无形资产的期末借方余额，反映企业无形资产的(　　)。

A. 账面余额　B. 摊余价值　C. 账面价值　D. 可收回金额

12. 下列项目中，属于在某一时点确认收入的是(　　)。

A. 酒店管理服务

B. 在客户的土地上为客户建造办公大楼

C. 企业履约过程中所产出的商品具有不可替代用途，且该企业在整个合同期间内，有权就累计至今已完成的履约部分收取款项

D. 为客户定制的具有可替代用途的产品

13. 发行人、上市公司或者其他信息披露义务人未按规定报送有关报告，或报送的报告有虚假记载、误导性陈述或重大遗漏的，由证券监督管理机构责令改正，处以的罚款金额为(　　)。

A. 5 万元以上 60 万元以下　B. 30 万元以上 60 万元以下

C. 20 万元以上 60 万元以下　D. 10 万元以上 60 万元以下

14. 根据《个人所得税法》的规定，下列应缴纳个人所得税的是(　　)。

A. 年终加薪　B. 托儿补助费　C. 差旅费津贴　D. 误餐补助

15. 下列资产负债表项目，根据有关科目余额减去其备抵科目余额后的净额填列的是(　　)。

A. 预收账款　B. 短期借款　C. 无形资产　D. 长期借款

16. 自 2022 年起，甲公司一直持有乙公司 20%的股权，并采用权益法核算。因乙公司此前年度连续亏损，2024 年年初甲公司备查账簿中显示，对于该项长期股权投资，甲公司尚有未确认的亏损分担额 60 万元。2024 年度，乙公司实现净利润 200 万元。不考虑其他因素，则 2024 年年底，对于该项长期股权投资，甲公司应该确认的投资收益金额是(　　)。

A. 40 万元　B. -20 万元　C. 0 万元　D. 60 万元

17. 出租包装物报废时，回收的残值应(　　)。

A. 计入营业外收入　B. 计入其他业务收入

C. 冲减其他业务成本　D. 冲减销售费用

18. A 商业企业采用售价金额法计算期末存货成本。2024 年 5 月，该企业月初库存商品成

本为 7 875 万元，售价总额为 11 250 万元；本月购进库存商品成本为 16 425 万元，售价总额为 22 500 万元；本月销售总额为 27 000 万元。该企业月末存货成本为(　　)。

A. 4 826.55 万元　　B. 4 725 万元

C. 4 860 万元　　D. 4 927.5 万元

19. 未来星实业公司 2024 年 3 月在日常经营活动中应交的增值税、房产税、印花税、车船税、城镇土地使用税依次为 43 000 元、25 000 元、40 000 元、1 000 元、20 000 元，填列利润表时"税金及附加"项目金额是(　　)元。

A. 129 000　　B. 68 000　　C. 108 000　　D. 86 000

20. 甲公司为一家咨询服务提供商，中了一个向新客户提供咨询服务的标。甲公司为取得合同而发生的成本如下：①尽职调查的外部律师费 2 万元；②提交标书的差旅费 3 万元(客户不承担)；③销售人员佣金 4 万元。假定不考虑其他因素，甲公司应确认的合同取得成本为(　　)。

A. 4 万元　　B. 7 万元　　C. 6 万元　　D. 9 万元

二、多选题(本大题共 20 小题，每小题 3 分，共 60 分。在每小题给出的四个选项中，有两项或两项以上是符合题目要求的。多选、少选均不给分)

21. 企业在计提下列各项减值准备时，应通过"资产减值损失"科目核算的有(　　)。

A. 坏账准备　　B. 存货跌价准备

C. 无形资产减值准备　　D. 固定资产减值准备

22. 以下影响利润表"营业利润"项目的有(　　)。

A. 报废固定资产收益　　B. 广告费支出

C. 税收罚款支出　　D. 短期借款利息

23. 下列属于现金流量表中"经营活动产生的现金流量"项目的有(　　)。

A. 支付生产工人的工资　　B. 购买材料支付的增值税

C. 销售商品收到的增值税　　D. 支付在建工程人员的工资

24. 下列各项中，客户可以据此获得商品经济利益的有(　　)。

A. 使用　　B. 出售　　C. 交换　　D. 消耗

25. 股份有限公司委托其他单位发行股票支付的手续费或佣金等相关费用的金额，如果发行股票的溢价不够冲减的，或者无溢价的，其差额不应记入的科目有(　　)。

A. 长期待摊费用　　B. 资本公积

C. 管理费用　　D. 财务费用

26. 下列各项中，不应作为合同履约成本确定为资产的有(　　)。

A. 为取得合同发生但预期能够收回的增量成本

B. 为组织和管理企业生产经营发生的但非由客户承担的管理费用

C. 无法在尚未履行的与已履行(或已部分履行)的履约义务之间区分的支出

D. 为履行合同发生的非正常消耗的直接材料、直接人工和制造费用

27. 下列各项中，企业应作为短期薪酬进行会计处理的有(　　)。

A. 由企业负担的职工医疗保险费　　B. 向职工发放的高温补贴

C. 由企业负担的职工住房公积金　　D. 向职工发放的工资

28. 根据现金内部管理控制制度的要求，出纳员不得兼顾(　　)。

A. 稽核　　B. 债权债务账目的登记

C. 会计档案的保管　　D. 现金日记账的登记

29. 关于无形资产的摊销，下列说法中正确的有(　　)。

A. 使用寿命有限的无形资产，其应摊销金额应当在使用寿命内系统合理摊销

B. 企业摊销无形资产，应当自无形资产可供使用时起至不再作为无形资产确认时止

C. 无形资产摊销年限不超过 10 年

D. 使用寿命有限的无形资产一定无残值

30. 下列经济事项中，可以引起资产和负债同时变化的有(　　)。

A. 计提长期股权投资减值准备

B. 赊购商品

C. 在资本化期间内，计提专门借款的利息

D. 到期偿还长期借款

31. 下列各项中，属于投资性房地产的有(　　)。

A. 企业拥有并自行经营的饭店

B. 企业以经营租赁方式租出的写字楼

C. 房地产开发企业正在开发的商品房

D. 非房地产开发企业持有拟增值后转让的土地使用权

32. 下列不计入产品成本项目的内容有(　　)。

A. 生产人员薪酬　　B. 印花税

C. 销售机构人员工资　　D. 生产车间设备的折旧费

33. 下列属于参与管理的基本要求的是(　　)。

A. 努力钻研相关业务　　B. 树立服务意识

C. 全面熟悉本单位经营活动和业务流程　　D. 提高服务质量

34. 银行结算账户的变更主要包括(　　)的变更。

A. 存款人名称　　B. 单位法定代表人

C. 单位主要负责人　　D. 住址

35. 以下属于记账凭证账务处理程序优点的有(　　)。

A. 简单明了、易于理解

B. 总账可较详细地记录经济业务发生情况

C. 便于进行会计科目的试算平衡

D. 减轻了登记总账的工作量

36. 下列属于品种法的特点是(　　)。

A. 只分产品品种计算产品成本　　B. 不分批计算产品成本

C. 不分步计算产品成本　　D. 不分类计算产品成本

37. 在办理会计工作交接时，交接双方要按照移交清册列明的内容，进行逐项交接，具体要求有(　　)。

A. 现金要根据会计账簿记录余额进行当面点交，不得短缺

B. 有价证券的数量要与会计账簿记录一致，由于一些有价证券，如债券、国库券票面金额与发行价格可能会不一致，也可以与账簿记录不一致

C. 移交人员经管的票据、印章及其他会计用品等，也必须交接清楚

D. 所有会计资料必须完整无缺

38. 对在库存现金清查中发现的实存金额少于其账存金额的情况，可将其记入的科目有(　　)。

A. 管理费用　　B. 营业外收入

C. 营业外支出　　D. 其他应收款

39. 下列各项，可以通过资产负债表反映的有(　　)。

A. 某一时点的财务状况　　B. 某一时点的偿债能力

C. 某一期间的经营成果　　D. 某一期间的获利能力

40. 下列属于累计凭证的是(　　)。

A. 领料单　　B. 限额领料单

C. 耗用材料汇总表　　D. 领料登记表

三、案例解析题(本大题共 2 小题，共 33 分)

41. 某企业为居民企业，2024 年经营业务如下，取得销售收入 5 000 万元，销售成本 2 200 元，发生销售费用 1 340 万元(其中广告费 900 万元)，管理费用 960 万元(其中业务招待费 30 万元)，财务费用 120 万元，税金及附加 80 万元，营业外收入 140 万元，营业外支出 100 万元(含通过公益性社会团体向贫困山区捐款 60 万元，支付滞纳金 12 万元)，计入成本费用中的实发工资总额 300 万元，拨缴职工工会经费 6 万元，提取职工福利费 46 万元，职工教育经费 10 万元。

要求：

(1) 计算企业年度利润总额。(4 分)

(2) 计算广告费、业务招待费、捐赠、工会经费及职工教育经费、职工福利费应调整的应纳税所得额(12 分)

(3) 计算应纳税所得额。(4 分)

(4) 计算本年度应缴企业所得税税额。(4 分)

42. 友谊公司 2024 年 3 月 31 日银行存款日记账余额 270 000 元，银行对账单余额 250 000 元。经逐笔核对，发现 3 月有以下未达账项：

① 30 日，银行代企业收到东风公司前欠货款 40 000 元，企业尚未收到收款通知。

② 30 日，公司因购买原材料签发转账支票 30 000 元，持票人尚未到银行进账。

③ 31 日，公司收到其他单位的转账支票 20 000 元，银行尚未入账。

④ 31 日，银行受托代扣公司应交的水电费 70 000 元，公司尚未收到付款通知。

2024 年 4 月 1 日，友谊公司出纳填开一张金额为 260 000 元的转账支票给景新公司。

要求：

(1) 依据上述资料列式计算银行存款余额调节表“调节后存款余额”项目金额。(3 分)

(2) 回答 2024 年 4 月 1 日开出的转账支票是否有风险？请说明理由及可能的后果。(6 分)

四、实务综合题(本大题共 257 分，其中制表及编制会计分录 213 分，编制资产负债表 44 分，往来账户、成本账户、存货项目以及“应交税费”“应付职工薪酬”“应交增值税”应写明细项目，未写的每处扣 1 分。报表只要求填写期末余额)

43. 奥汀电子有限公司为增值税一般纳税人，适用增值税税率 13%，消费税税率 10%，城市维护建设税税率 7%，教育费附加 3%，所得税税率 25%。原材料、库存商品、在产品均按实际成本法核算。发出原材料采用先进先出法核算，库存商品采用月末一次加权平均法核算，低值易耗品领用采用一次转销法核算。

奥汀电子有限公司其他应收款发生项目如为企业内部员工借支，则不计提坏账准备。采用备抵法核算坏账损失，坏账计提方法为账龄分析法。

资料(一)

表 1　计提办法表

时间	1~60 天	61~180 天	181~365 天	366 天以上
计提比例	0	2%	4%	5%

表 2　期初科目余额表

单位：元

总账科目	明细科目	借方金额	贷方金额
库存现金		5 000	
银行存款		3 672 790	
应收票据		1 109 460	
应收账款	相图化工（2023 年 2 月 20 日发生）	100 000	
	同力化工（2024 年 1 月 28 日发生）	565 000	
	信科股份（2024 年 3 月 6 日发生）	1 335 000	
坏账准备			23 600
原材料	芯片(60 000 个)	600 000	
	电子元器件(8 000 个)	160 000	
	胶水(2 000 个)	20 000	
生产成本	电子式多功能电能表	234 430	
	直接材料	212 000	
	直接人工	12 830	
	制造费用	9 600	
	多功能智能仪表	210 830	
	直接材料	193 000	
	直接人工	10 530	
	制造费用	7 300	
库存商品	电子式多功能电能表(20 000 台)	1 000 000	
	多功能智能仪表(20 000 台)	1 000 000	
周转材料		30 000	
固定资产		11 699 000	
累计折旧			2 509 731. 59
无形资产		8 100 000	
累计摊销			506 260
短期借款			500 000
应付账款			378 656
合同负债	益生机械有限公司		800 000
其他应付款			9 748. 33
应付职工薪酬	工资		381 091. 67
	社会保险费		8 896. 54
	设定提存计划		18 644. 87
应交税费	未交增值税		419 400
	城市维护建设税		29 358
	教育费附加		12 582
	个人所得税		8 541
实收资本			21 000 000
未分配利润			3 235 000
合计		29 841 510	29 841 510

续表

公司目前主要生产电子式多功能电能表、多功能智能仪表这两种产品，只设一个生产车间，两种产品属于单步骤生产，均采用品种法计算产品成本。“制造费用”核算基本生产车间发生的间接费用，按电子式多功能电能表、多功能智能仪表两种产品的生产工时比例分配制造费用；生产两种产品共同耗用的车间生产工人工资按两种产品的实际生产工时比例进行分配；产品成本按约当产量法在电子式多功能电能表、多功能智能仪表的完工产品与月末在产品之间分配生产费用，原材料均为生产开始时一次投入，其他材料为陆续投入，完工率为 50%。本月电子式多功能电能表的生产工时为 3 000 小时，多功能智能仪表生产工时为 2 000 小时，本月生产数量如下：

单位：个

产品名称	月初产成品	月初在产品	本月投产	本月完工产品	月末在产品
电子式多功能电能表	20 000	5 000	10 000	13 000	2 000
多功能智能仪表	20 000	5 000	10 000	12 000	3 000

资料(二)

2024 年 5 月发生如下经济业务(金额保留 2 位小数):

① 1 日，向银行申请一笔生产经营用借款 1 000 000 元，还款日为 2025 年 4 月 30 日。(5 分)

② 1 日，从上海元华电子有限公司采购电子元器件 20 000 个，增值税专用发票上注明价款 400 000 元，增值税 52 000 元。材料已入库，款项未付。(5 分)

③ 3 日，领用周转材料 22 000 元用于生产。(5 分)

④ 4 日，从华邦电子有限公司采购芯片 15 000 个，价款 150 000 元，增值税 19 500 元，企业开出银行承兑汇票承付，芯片已验收入库。(5 分)

⑤ 5 日，收到非专利技术(管理用)入股(所占比例为原注册资本的 10%)，双方协议价值为 2 000 000 元，收到的增值税专用发票上注明增值税为 120 000 元，使用年限 20 年。(5 分)

⑥ 5 日，将前期收到的面值为 120 000 元的不带息商业承兑汇票到银行申请贴现，取得贴现收入 115 534 元，双方约定若付款方到期无力付款本企业不承担连带还款责任。(5 分)

⑦ 7 日，向华阳化工销售电子式多功能电能表 10 000 个，货款 1 000 000 元，开出增值税专用发票。公司已发货，货款尚未收到。该批货物试用期一个月，试用不合格可以无条件退货。根据以往经验，该批商品被退货可能性极小。(5 分)

⑧ 8 日，采购胶水 15 000 个，价款 150 000 元，增值税 19 500 元，款项已付，材料已验收入库。(5 分)

⑨ 9 日，收到华阳化工货款 850 000 元，余款收到一张银行承兑汇票。(5 分)

⑩ 11 日，申报并扣缴上月税费和工资、社会保险费：增值税 419 400 元，城市维护建设税 29 358 元，教育费附加 12 582 元，个人所得税 8 541 元，社会保险费 10 789. 42 元(其中单位负担 8 896. 54 元，职工个人负担 1 892. 88 元)，养老保险和失业保险合计26 500. 32 元(其中单位负担 18 644. 87 元，职工个人负担 7 855. 45 元)。(5 分)

⑪ 11 日，支付广告费 5 300 元(含税)，取得增值税专用发票。行政部门张婷芳报销招待费1 800元，取得增值税普通发票。行政部门发生电脑维修费 2 000 元，取得增值税普通发票。均以银行存款支付。(5 分)

⑫ 12 日，生产部门领用原材料：生产电子式多功能电能表领用芯片 15 000 个，胶水 2 500个；生产多功能智能仪表领用电子元器件 15 000 个，胶水 2 500 个。(5 分)

⑬ 15 日，由于生产能力已经达到饱和状态，委托德通电子有限公司生产 IC 卡智能湿式冷水表，发出原材料：芯片 30 000 个，电子元器件 10 000 个，胶水 5 000 个。支付德通电子有限公司加工费 150 000 元以及对方代垫的运费 30 000 元，取得两张增值税专用发票。收回后准备直接销售，21 日，收到委托加工的 IC 卡智能湿式冷水表 10 000 件。(15 分)

⑭ 15 日，支付上海元华电子有限公司购货款。(5 分)

⑮ 21 日，收到本企业的存款利息 3 582 元。(5 分)

⑯ 22 日，将 IC 卡智能湿式冷水表全部出售给益生机械有限公司，价款 1 000 000 元，增值税 130 000 元，货款尚未收到。(5 分)

⑰ 25 日，行政部门电脑故障已无法修复，申请报废电脑，该电脑原值 10 000 元，已计提折旧 9 700 元。取得变价现金收入 500 元，增值税 65 元，清理已完成。(15 分)

⑱ 25 日，委托万顺商贸有限公司销售电子式多功能电能表一批，发出商品 10 000 件，双方协议销售价格为 80 元/件，按销售价格的 9%支付手续费。月底收到代销清单和手续费增值税专用发票，产品已全部售出，收到对方扣除手续费的全部款项。(15 分)

⑲ 26 日，以 20 000 件多功能智能仪表换入华邦电子有限公司 20%的股份，多功能智能仪表市场价格为 80 元/件，开出增值税专用发票，当日华邦电子有限公司可辨认净资产的公允价值为10 000 000元，对华邦电子有限公司经营决策产生重大影响。(5 分)

⑳ 28 日，因相图化工发生严重财务困难，剩余货款 100 000 元可能无法收回。后经确认，确实无法收到，经批准转销。(5 分)

㉑ 30 日，向广西壮族自治区慈善总会捐款 50 000 元用于贫困山区扶贫。(5 分)

㉒ 31 日，分配本月工资费用 285 500 元，其中行政部门 98 800 元、销售部门 88 000 元、车间管理部门 10 300 元、生产车间 88 400 元。(分配率保留 2 位小数)(5 分)

㉓ 31 日，计提固定资产折旧，房屋及构筑物适用月折旧率为 0. 5%，设备适用月折旧率为 0. 3%。(5 分)

表 3 固定资产折旧计算表 单位：元

使用部门	固定资产月初原值	
	房屋及构筑物	其他设备
生产车间	5 200 000	4 620 000
管理部门	1 000 000	19 000
销售部门	800 000	60 000
合计	700 000	4 699 000

㉔ 31 日，计提本月土地使用权和非专利技术摊销。土地使用权 2015 年取得，价值 6 300 000元，摊销年限 50 年；非专利技术 2018 年取得(用于产品生产)，价值 1 800 000 元，摊销年限 10 年。(5 分)

㉕ 31 日，分配并结转本月制造费用。(5 分)

㉖ 31 日，计算并结转本月完工产品成本。(分配率保留 2 位小数。计算 14 分，分录 5 分，共 19 分)

㉗ 31 日，计算并结转本月销售商品成本。(单位成本保留 2 位小数。计算 9 分，分录 5 分，共 14 分)

㉘ 31 日，计提应收账款坏账准备。(5 分)

㉙ 31 日，计算并结转本月未交增值税。(5 分)

㉚ 31 日，计提本月应缴纳的城市维护建设税和教育费附加。(5 分)

㉛ 31 日，结转损益。(10 分)

要求：

(1) 根据上述经济业务编制会计分录。(213 分)

(2) 根据上述资料编制资产负债表。(需填列的报表项目，每空 2 分，共 44 分)

表 4　资产负债表(简表)

单位：奥汀电子有限公司　　　　2024 年 5 月 31 日　　　　单位：元

资产	期末余额	负债及所有者权益	期末余额
货币资金	①	短期借款	⑪
应收票据	②	应付票据	⑫
应收账款	③	应付账款	⑬
存货	④	应付职工薪酬	⑭
流动资产合计	⑤	应交税费	⑮
固定资产	⑥	流动负债合计	⑯
无形资产	⑦	负债合计	⑰
长期股权投资	⑧	实收资本	⑱
非流动资产合计	⑨	资本公积	⑲
		未分配利润	⑳
		所有者权益合计	㉑
资产合计	⑩	负债与所有者权益合计	㉒

姓名：________ 班级：________ 学号：________
密 封 线 内 不 要 答 题

普通高等学校对口招生考试模拟(五)

财会类专业综合知识试题

本试题卷共四大题，43小题。时量150分钟，满分390分

一、单选题(本大题共20小题，每小题2分，共40分。在每小题给出的四个选项中，只有一项是符合题目要求的)

1. 某企业11月30日银行存款日记账余额为168 000元，银行对账单余额为192 000元。经核对：银行已经代扣代缴水电费3 000元，但企业尚未入账；银行已收到A公司的货款2 500元，但企业尚未入账；企业支付修理费用3 650元，银行尚未入账；企业支付货款20 850元，但银行尚未入账。根据银行存款日记账和银行对账单调节后的正确银行存款余额应该为(　　)元。

A. 188 350　　B. 167 500　　C. 192 000　　D. 168 000

2. 甲公司按照备抵法计算公司的坏账准备，2024年4月末，应收账款余额为580 000元，坏账准备提取比例为3%，坏账准备余额为17 400元，5月，收回应收账款100 000元，发生坏账5 000元，5月份应计提的坏账准备金额为(　　)元。

A. 2 000　　B. 3 000　　C. 2 500　　D. 2 600

3. 下列不属于其他应收款的是(　　)。

A. 企业财产遭受意外损失后向保险公司收取的赔款

B. 租入包装物所支付的押金

C. 为职工垫付应由职工负担的医药费

D. 排放污水被环保部门处罚的罚款

4. "待处理财产损溢"账户未转销的借方余额表示(　　)。

A. 尚未处理的财产盘盈

B. 尚未处理的财产盘亏

C. 尚未批准处理的财产盘盈数大于尚未批准处理的财产盘亏和毁损数的差额

D. 尚未批准处理的财产盘盈数小于尚未批准处理的财产盘亏和毁损数的差额

5. 明利公司2023年年初所有者权益总额为1 600万元，其中股本500万元、资本公积600万元、盈余公积150万元、未分配利润350万元。2023年实现净利润1 500万元，按净利润的10%提取法定盈余公积，按5%提取任意盈余公积，并向投资者分配利润300万元，那么本年度的所有者权益余额为(　　)万元。

A. 2 800　　B. 1 800　　C. 3 100　　D. 2 575

6. 可变现净值通常用于(　　)。

A. 交易性金融资产的计量　　B. 存货减值状态下的期末计量

C. 盘存库存商品　　D. 非流动资产的可回收金额

7. 以下不可以用现金支付的项目是(　　)。

A. 向农产品店收购农副产品　　B. 个人劳动报酬

C. 职工的工资　　D. 根据国家规定颁发给个人的奖金

8. 下列账务处理程序中，最基本的账务处理程序是(　　)。

A. 记账凭证账务处理程序　　B. 科目汇总表账务处理程序

C. 汇总记账凭证账务处理程序　　D. 多栏式日记账账务处理程序

9. 某企业期末应付账款总账贷方余额34 000元，其中："应付账款—长康公司"明细账为借方余额10 000元，其余应付账款明细账均为贷方余额。预付账款总账借方余额18 000元，其中："预付账款—仁华公司"明细账为借方余额24 000元，其余预付账款明细账均为贷方余额。则在资产负债表的"应付账款"项目期末余额栏应填(　　)元。

A. 40 000　　B. 50 000　　C. 34 000　　D. 10 000

10. 下列关于会计法律制度说法错误的是(　　)。

A. 单位负责人应当保证会计机构、会计人员依法履行职责，不得授意、指示、强令会计机构、会计人员违法办理会计事项

B. 我国主管会计工作的行政管理部门是财政部，国务院财政部门主管全国的会计工作，县级以上地方各级人民政府财政部门管理本行政区域内的会计工作

C.《会计法》规定，国家实行统一的会计制度，各单位发生的各项经济业务事项应当统一进行会计核算，不得违反规定私设会计账簿

D. 各单位采用的会计处理方法，前后各期应当一致，不得随意变更，确有必要变更的，应当按照国家统一会计制度的规定变更，次年将变更的原因、情况及影响在财务报告中说明

11. 甲公司销售一批产品给乙公司，售价为100万元，现金折扣条件为2/10、1/20、n/30。假设甲公司估计有90%的可能性在20日内收到货款，增值税税率为13%。如果第15日收到货款，那应该确定的收入为(　　)万元。

A. 100　　B. 99　　C. 98　　D. 97

12. 企业在清查时遇到的现金长款，经批准后应记入的会计科目是(　　)。

A. 管理费用　　B. 财务费用　　C. 资本公积　　D. 营业外收入

13. 下列不属于资产的是(　　)。

A. 开发支出　　B. 递延收益

C. 合同资产　　D. 持有待售资产

14. 企业将账面价值150 000元的一台车床转入清理，已累计折旧100 000元，已计提减值准备10 000元。发生清理费用5 000元，取得清理收入60 000元，不考虑相关税费，其清理净收入是(　　)元。

A. 55 000　　B. 60 000　　C. 12 000　　D. 15 000

15. 企业取得长期股权投资，实际支付的价款中包含的已宣告但尚未发放的现金股利应记入的会计科目是(　　)。

A. 投资收益　　B. 财务费用

C. 应收股利　　D. 长期股权投资

16. 企业缴纳的下列税款中，不需要通过"应交税费"科目核算的是(　　)。

A. 增值税　　B. 土地增值税

C. 印花税　　D. 资源税

17. 某企业去年发生亏损 12 000 元，按规定可以用本年度实现的利润弥补，弥补亏损时正确的会计处理是(　　)。

A. 借：其他应收款　　12 000

贷：利润安排—未安排利润　　12 000

B. 借：利润安排—弥补亏损　　12 000

贷：利润安排—未安排利润　　12 000

C. 借：盈余公积　　12 000

贷：利润安排—未安排利润　　12 000

D. 不做账务处理

18. 法定盈余公积的提取比例是(　　)。

A. 10%　　B. 15%　　C. 5%　　D. 12%

19. 2023 年 12 月，清风公司在经营过程中发现公司的新能源汽车电池出现了问题，于是准备更换汽车电池。汽车于 2022 年 12 月购入，金额为 250 000 元，折旧计提采用年限平均法，预计使用年限为 5 年，被替换的电池入账价值为 80 000 元，替换的新电池入账价值为 100 000 元，12 月 30 日达到预定可使用状态，那么更换电池后车的入账价值为(　　)元。

A. 225 000　　B. 236 000　　C. 250 000　　D. 270 000

20. 虞美公司采购了一批原材料，材料单价为 5.3 元/千克，共采购 6 000 千克。运输途中发生合理损耗 10 千克，原材料入账价值应该为(　　)元。

A. 31 800　　B. 31 747　　C. 30 000　　D. 31 000

二、多选题(本大题共 20 小题，每小题 3 分，共 60 分。在每小题给出的四个选项中，有两项或两项以上是符合题目要求的。多选、少选不给分)

21. 下列有关"三坚三守"的说法中，正确的有(　　)。

A. "坚持诚信，守法奉公"是对会计人员的履职要求

B. "坚持准则，守责敬业"是对会计人员的自律要求

C. "三坚三守"是对会计人员职业道德要求的集中表达

D. "坚持学习，守正创新"是对会计人员的发展要求

22. 增值税专用发票分为(　　)。

A. 记账联　　B. 抵扣联　　C. 发票联　　D. 金额联

23. 下列账户中，体现权责发生制要求的有(　　)。

A. 融资租赁租入的固定资产计提折旧　　B. 应收账款

C. 应付股利　　D. 应收利息

24. 下列账户中，属于备抵账户的有(　　)。

A. 累计摊销　　B. 材料成本差异

C. 存货跌价准备　　D. 累计折旧

25. 下列资料中，可作为原始凭证的有(　　)。

A. 银行存款余额调节表　　B. 实存账存对比表

C. 收料单　　D. 销货发票记账联

26. 记账凭证汇总表为了简化工作量，可以定期为(　　)进行归纳汇总。

A. 1 天　　B. 5 天　　C. 10 天　　D. 20 天

27. 下列各项中，应通过"其他应收款"科目核算的有(　　)。

A. 应收的各项赔款　　B. 收到的包装物押金

C. 应向职工收取的各种垫付款　　D. 支付的包装物押金

28. 往来款项包括(　　)。

A. 应收应付账款　　B. 预收预付账款

C. 合同负债　　D. 合同资产

29. 下列各项中，属于现金流量表基本分类的有(　　)。

A. 经营活动产生的现金流量　　B. 投资活动产生的现金流量

C. 筹资活动产生的现金流量　　D. 生产活动产生的现金流量

30. 对增值税一般纳税人而言，下列各项中应计入存货成本的有(　　)。

A. 进口关税　　B. 入库前的选择整理费

C. 购买价款　　D. 运输费

31. 权益法下，"长期股权投资"科目应设置的明细科目有(　　)。

A. 投资收益　　B. 投资成本

C. 损益调整　　D. 其他权益变动

32. 下列项目中，属于财产清查方法的有(　　)。

A. 实地盘点　　B. 技术推算

C. 抽样盘点　　D. 与对方单位核对账目

33. 下列各项中，属于城市维护建设税计税基础的有(　　)。

A. 应交增值税　　B. 应交消费税

C. 应交教育费附加　　D. 应交所得税

34. 下列各项中，符合收入定义的有(　　)。

A. 出售材料取得的价款　　B. 出售固定资产取得的价款

C. 出租固定资产取得的租金　　D. 出售库存商品取得的价款

35. 对一般企业而言，下列项目中应列入"财务费用"科目核算的有(　　)。

A. 银行存款的利息收入　　B. 外币兑换发生的汇兑损失

C. 支付给金融机构的手续费　　D. 发生的现金折扣

36. 出纳的主要工作职责包括(　　)。

A. 办理现金收付业务　　B. 办理银行存款转账结算

C. 保管现金和有价证券　　D. 保管票据和印鉴

37. 期末结账后没有余额的账户是(　　)。

A. 主营业务收入　　B. 生产成本

C. 实收资本　　D. 投资收益

38. 所有者权益的组成部分包括(　　)。

A. 实收资本　　B. 资本公积

C. 盈余公积　　D. 未分配利润

39. 下列账户中，年度终了需要将余额转入“利润分配—未分配利润”账户的有(　　)。

A. 本年利润　　B. 利润分配—应付现金股利

C. 利润分配—盈余公积补亏　　D. 利润分配—提取法定盈余公积

40. 下列各项中，属于会计工作交接范围的有(　　)。

A. 因病不能工作超过1个月　　B. 因故临时离职超过3个月

C. 撤销会计职务　　D. 工作调动

三、案例计算及解析题(本大题共2小题，每小题15分，共30分)

41. 长竹公司为增值税一般纳税人，固定资产—车辆相关的背景资料如下：车辆于2020年12月购入，入账价值为300 000元，预计使用年限为5年，预计净残值为5 000元，车轮计价60 000元。2023年12月8日，由于车辆的轮胎出现磨损，准备更换车轮，新车轮入账价值为50 000元，12月10日更换完成，达到预定可使用状态。折旧方法为年数总和法。(本题暂不考虑增值税)

要求：根据以上资料，回答下列问题：

(1) 折旧方法分为哪几种？加速折旧法又包括哪几种？(3分)

(2) 固定资产的后续支出包括哪几种情况？题目中的车轮属于固定资产的哪种后续支出？(3分)

(3) 计算车辆在更换时已计提的折旧额。(3分)

(4) 计算被更换部分的账面价值。(3分)

(5) 计算车辆更换车轮后达到预定可使用状态的入账价值。(3分)

42. 2024年，甲公司发生如下事项：

①记账人员陈鑫因怀孕休假半年，会计机构负责人张兰指定出纳刘玲兼管陈鑫的债权债务账目的登记工作，未办理会计工作交接手续。

②由于经济效益不好，本年度公司亏损了64万元，会计机构负责人授意会计人员采取伪造会计凭证等手段调整公司的财务会计报告，将本年度利润调整为盈利100万元，并将调整后的企业财务会计报告经公司总经理及有关人员签名、盖章后向有关单位报送。

③档案管理部门销毁了一批保管期已满的固定资产卡片的会计档案。

④会计机构负责人张兰将自己的儿子安排到本单位销售部门工作。

要求：根据以上资料，回答下列问题。

(1) 出纳刘玲兼管陈鑫的工作符合规定吗？为什么？(3分)

(2) 陈鑫休假未办理交接手续，符合规定吗？为什么？(3分)

(3) 对于该公司做假账以及伪造相关凭证的行为，单位责任人和会计机构负责人应承担什么样的法律责任？(3分)

(4) 公司档案管理部门能单独销毁会计档案吗？为什么？哪些人员需要在会计档案销毁清册上签署意见？(3分)

(5) 会计档案的保管期限有哪两类？分别包括什么内容？(3分)

四、实务综合题(本大题共 260 分，其中制表及编制会计分录 202 分，编制资产负债表 58 分。“应收票据”“应收账款”“应交税费”“应付职工薪酬”“生产成本”应写明细科目，“应交增值税”“生产成本”应写明细项目，未写的每处扣 1 分。报表只要求填写期末余额)

43. 金玉制造有限公司为增值税一般纳税人，增值税税率为 13%，所得税税率为 25%，是一家工业制造型企业，研发、生产及销售甲产品和乙产品。原材料、周转材料发出采用先进先出法，已销产品成本采用月末一次加权平均法结转。采用品种法计算产品成本，成本项目为直接材料、直接人工和制造费用。月末在产品和完工产品成本之间的分配采用约当产量法，原材料随生产进度陆续投入，直接人工和制造费用陆续投入，假设在产品完工程度为 40%。直接人工和制造费用按生产工时分配，单位成本及各分配率的计算保留四位小数，金额保留两位小数。

资料(一)

表 1 科目余额表

2024 年 12 月 1 日　　单位：元

总账科目	明细科目	计量单位	数量	单价	借方余额	贷方余额
库存现金					3 220.00	
银行存款					1 080 460.00	
其他货币资金	存出投资款				152 000.00	
应收账款	长乐公司				320 000.00	
	涵路公司				260 000.00	
应收票据	逸轩公司				180 000.00	
	齐默公司				62 000.00	
预付账款	开心公司				2 300.00	
	宇鑫公司				64 000.00	
原材料	A 材料	件	530	320.00	169 600.00	
	B 材料	件	315	540.00	170 100.00	
	C 材料	件	160	680.00	108 800.00	
库存商品	甲产品	个	1 619	2 240.00	3 626 560.00	
	乙产品	个	1 400	1 760.00	2 464 000.00	
周转材料	低值易耗品	个	100	2.15	215.00	
	包装盒	个	5 000	8.00	40 000.00	
	包装袋	个	3 000	3.00	9 000.00	
长期股权投资	湘迎公司				3 900 000.00	
	长康公司				6 800 000.00	
固定资产	房屋建筑物				3 680 000.00	
	机器设备				2 900 000.00	

续表

总账科目	明细科目	计量单位	数量	单价	借方余额	贷方余额
	其他设备				890 000.00	
无形资产	商标权				300 000.00	
在建工程	厂房				1 690 650.00	
应付账款	佳乐公司					226 000.00
合同负债	润美公司					20 000.00
	大福公司					400 000.00
长期借款	农商银行					800 000.00
累计折旧	房屋建筑物					543 000.00
	机器设备					1 120 000.00
	其他设备					210 000.00
累计摊销	商标权					115 000.00
实收资本						15 338 000.00
资本公积						153 900.00
盈余公积						330 000.00
未分配利润						9 617 005.00
合计					28 872 905.00	28 872 905.00

资料(二)

2024 年 12 月发生如下经济业务：

① 1 日，从开心公司预定 B 材料 1 500 件，通过银行转账支付定金 250 000.00 元。(6 分)

② 2 日，向宇鑫公司采购的 C 材料 1 800 件到货，每件不含税单价 695 元，增值税税率 13%；每件不含税运费 1.00 元，增值税税率 9%，由宇鑫公司垫付。剩余款项暂未支付。(6 分)

③ 2 日，通过银行收到长乐公司的前欠货款 320 000.00 元。(6 分)

④ 3 日，向大福公司交付 甲产品 840 个，每个不含税售价 2 680.00 元。发票已开，定金 4 月已收，通过银行收到剩余款项，产品已发出。(6 分)

⑤ 6 日，收到开心公司 B 材料 1 500 件，每件不含税单价 633.00 元，增值税税率为 13%；每件不含税运费 1.00 元，增值税税率 9%，由开心公司垫付。剩余款项用银行存款支付。(6 分)

⑥ 7 日，生产部门生产甲产品领用 B 材料 200 件，C 材料 200 件，包装盒 200 个，包装袋 200 个；生产乙产品领用 A 材料 150 件，B 材料 150 件，C 材料 150 件，包装盒 150 个，包装袋 150 个。(6 分)

⑦ 7 日，从韵启公司购入 A 材料 800 件，每件不含税单价 316.00 元，增值税税率 13%；每件不含税运费 1.00 元，增值税税率 9%，由对方公司垫付。材料已收到，货款及运费尚未支付。(6 分)

⑧ 将齐默公司的商业承兑汇票贴现给建设银行，取得贴现收入 60 000.00 元。(6 分)

⑨ 8 日，全体员工团建聚餐，餐饮费 23 000.00 元，通过银行转账支付。(6 分)

⑩ 8 日，从银行借入为期 9 个月的短期借款 300 000.00 元。(6 分)

⑪ 8 日，以银行存款支付生产线设备故障修理费 4 000.00 元，增值税 520.00 元；汽车修理费 800.00 元，增值税 104.00 元。(6 分)

⑫ 8 日，以银行存款支付员工宿舍租金共计 11 000.00 元。其中生产甲产品员工 20 间，生产乙产品员工 24 间，销售部门 2 间，研发部门 2 间，管理部门 2 间。(6 分)

⑬ 9 日，通过转账支付销售部门李媛产假津贴 5 000.00 元。(6 分)

⑭ 10 日，生产部门生产乙产品领用 B 材料 1 000 件，C 材料 1 000 件，包装箱 1 000 个，包装袋 1 000 个；为开发一项智能云系统产品，总部硬件组领用 C 材料 20 件。(6 分)

⑮ 14 日，从证券交易所购入股票 10 000 股作为交易性金融资产，每股买价 6 元，另支付相关手续费 1 200.00 元及增值税 72.00 元，以证券账户投资额支付。(6 分)

⑯ 16 日，向智辉公司销售甲产品 200 个，每个不含税售价 2 750.00 元。增值税发票已开，收到智辉公司开出的工商银行汇票一张存入银行。(6 分)

⑰ 24 日，通过银行转账支付海洋大学 M 产品系统研究开发费用 60 000.00 元，其中增值税 3 396.23 元。(6 分)

⑱ 26 日，收到政府部门给予的高新技术企业奖励金 50 000.00 元，存入银行。(6 分)

⑲ 27 日，新生产线设备安装调试完毕，以银行存款支付劳务费 20 000.00 元，增值税 1 800.00 元。(6 分)

⑳ 29 日，计提并支付本月农商银行长期借款利息，该项借款为 2018 年 8 月 1 日借入，6 年期，年利率 5.4%，分期付息，每年年末计提利息，到期还本。(12 分)

㉑ 31 日，分配本月职工薪酬，其中甲产品生产工时 5 500 小时，乙产品生产工时 40 700 小时。计算并完成职工薪酬费用分配表。(注：尾差计入乙产品)(20 分)

表 2　职工薪酬费用分配表

2024 年 12 月 31 日　　　　单位：元

部门	应付工资	工会经费 2%	职工教育经费 8%	职工福利费 14%	合计
生产部门	560 000.00				
销售部门	320 000.00				
研发部门	120 000.00				
管理部门	140 000.00				
合计					

㉒ 31 日，计提本月固定资产折旧，其中生产部门 25 962.80 元，销售部门 1 836.00 元，研发部门 5 916.00 元，管理部门 4 035.68 元；计提本月无形资产摊销 5 873 元。(6 分)

㉓ 31 日，按生产工时分配并结转本月制造费用。(注：尾差计入乙产品)(8 分)

㉔ 31 日，本月甲产品完工 150 个，无期初、期末在产品；乙产品完工 1 200 个，期末在产品 300 个，期初无在产品。计算并结转本月完工产品成本。(注：尾差计入在产品)(6 分)

㉕ 31 日，计算并结转本月已销产品成本。(注：尾差计入期末结存产品)(8 分)

㉖ 31 日，计提本月应缴纳的增值税。(6 分)

㉗ 31 日，计提本月城市维护建设税和教育费附加。(6 分)

㉘ 31 日，结转本月损益类账户。(8 分)

㉙ 31 日，计提本月所得税费用。(研发费用—费用化支出按照发生额的 75% 加计扣除，政府补助不征所得税，除此外，不考虑其他纳税调整事项)(8 分)

要求：根据上述资料(一)(二)，完成以下财务工作。

(1) 编制会计分录，并将相关表格填写完整。(29 小题，共 202 分)

(2) 编制 2024 年 12 月 31 日资产负债表(只填期末余额)。(需填列的报表项目，每空 2 分，共 58 分)

表 3　资产负债表

编制单位：金玉制造有限公司　　　　单位：元

资产	期末余额	负债及所有者权益	期末余额
流动资产：		流动负债：	
货币资金	①	交易性金融负债	
交易性金融资产	②	衍生金融负债	
衍生金融资产		应付票据	
应收票据	③	应付账款	⑭
应收账款	④	预收款项	⑮
应收款项融资		合同负债	⑯
预付款项	⑤	应付职工薪酬	⑰
其他应收款		应交税费	⑱
存货	⑥	其他应付款	
合同资产		持有待售负债	⑲
持有待售资产		一年内到期的非流动负债	⑳
一年内到期的非流动资产		其他流动负债	
其他流动资产		流动负债合计	
流动资产合计	⑦	非流动负债：	
非流动资产：		长期借款	㉑
债权投资		应付债券	
其他债权投资		长期应付款	
长期应收款		预计负债	
长期股权投资	⑧	递延收益	
其他权益工具投资		递延所得税负债	
其他非金融资产		其他非流动负债	
投资性房地产		非流动负债合计	㉒
固定资产	⑨	负债合计	㉓

续表

资产	期末余额	负债及所有者权益	期末余额
在建工程	⑩	所有者权益：	
生产性生物资产		实收资本	㉔
无形资产	⑪	资本公积	㉕
开发支出		其他综合收益	
递延所得税资产		盈余公积	㉖
其他非流动资产		未分配利润	㉗
非流动资产合计	⑫	所有者权益合计	㉘
资产合计	⑬	负债及所有者权益合计	㉙

学号：________ 班级：________ 姓名：________

密 封 线 内 不 要 答 题

普通高等学校对口招生考试模拟(六)

财会类专业综合知识试题

本试题卷共四大题，43 小题。时量 150 分钟，满分 390 分

一、单选题(本大题共 20 小题，每小题 2 分，共 40 分。在每小题给出的四个选项中，只有一项是符合题目要求的)

1. 甲公司发生租入固定资产的改良支出，由于金额比较大，甲公司将该支出在剩余租赁期限与预计使用年限两者孰短的期限内平均摊销，则甲公司的处理体现的会计基本假设是(　　)。

A. 会计主体　　B. 会计分期　　C. 持续经营　　D. 货币计量

2. 下列各项中，新的会计年度开始，可以继续使用不必更换新账的是(　　)。

A. 日记账　　B. 总账　　C. 固定资产卡片账　　D. 明细账

3.“待处理财产损溢”所属的会计科目类别是(　　)。

A. 资产类　　B. 负债类　　C. 所有者权益类　　D. 损益类

4. 下列各项中，属于按公允价值计量的有(　　)。

A. 债权投资　　B. 盘盈存货

C. 交易性金融资产的期末计量　　D. 盘盈固定资产

5. 下列单据中，能作为编制记账凭证的依据的有(　　)。

A. 生产通知单　　B. 产品成本计算表　　C. 材料申购单　　D. 银行对账单

6. 下列项目中，不属于企业职工范围的是(　　)。

A. 劳务用工合同人员　　B. 兼职人员

C. 为企业提供审计服务的注册会计师　　D. 监事会成员

7. 关于会计档案保管做法正确的是(　　)。

A. 会计档案移交清册永久保管　　B. 纳税申报表保管 30 年

C. 会计档案保管清册永久保管　　D. 固定资产卡片报废清理后保管 10 年

8. 甲公司库存商品总账账户本期借方发生额为 120 000 元，其中贷方发生额为 50 000 元，有关明细账的发生额分别如下：A 商品借方发生额 40 000 万元，贷方发生额 31 200 元；B 商品借方发生额 62 000 元，贷方发生额 3 200 元；D 材料的本期发生额为(　　)。

A. 借方发生额 18 000 元，贷方发生额 60 000 元

B. 借方发生额 15 600 元，贷方发生额 15 600 元

C. 借方发生额 18 000 元，贷方发生额 15 600 元

D. 借方发生额 70 000 元，贷方发生额 10 000 元

9. 企业原材料采用计划成本法核算时，下列说法正确的是(　　)。

A. 购入尚未入库的材料借记在途物资

B. 原材料借方登记入库材料的实际成本

C. 材料采购贷方登记入库材料的实际成本

D. 材料成本差异的借方登记结转入库材料的超支差和发出材料应负担的节约差

10. 购入 A 商品 10 000 元，会计人员进行如下账务处理(已登记入账)，会计人员应采用的会计更正方法是(　　)。

借：库存商品　　100 000

　贷：银行存款　　100 000

A. 划线更正法　　B. 补充登记法

C. 红字冲销法(部分)　　D. 红字冲销法(全部)

11. 企业 1 月 15 日购入 10 万股股票作为交易性金融资产核算，支付价款 10 万元，另支付交易费用 0.5 万元，3 月 31 日该股票公允价值 12 万元，4 月 1 日企业销售 6 万股，收入销售价款 9 万元，该企业处置交易性金融资产投资时对损益的影响金额为(　　)。

A. -1 万元　　B. 2.3 万元　　C. 3.5 万元　　D. 5.3 万元

12. 2024 年 5 月 10 日签发的期限为 90 天的票据，到期日为(　　)。

A. 8 月 8 日　　B. 8 月 9 日　　C. 8 月 10 日　　D. 8 月 11 日

13. 2023 年 3 月 20 日，甲公司对一台大型设备进行更新改造，该设备原价为 2 000 万元，预计使用年限 10 年，已使用 3 年，采用年限平均法计提折旧。更新改造过程中领用本公司产品一批，成本 425 万元，公允价值 510 万元，发生职工薪酬 90 万元，领用工程物资 210 万元，用一个 500 万元的部件替换生产设备中已经报废的原部件，被替换部件原值 450 万元。该改造工程于 2023 年 12 月 31 日达到预计可使用状态并投入使用，改造后该生产设备尚可使用 8 年。不考虑其他因素，2024 年 12 月 31 日该生产设备的账面价值为(　　)。

A. 1 903.13 万元　　B. 2 021.25 万元　　C. 2 079 万元　　D. 1 719.38 万元

14. 下列哪项不是票据的基本当事人(　　)。

A. 出票人　　B. 收款人　　C. 背书人　　D. 付款人

15. A 公司以 1 055 万元取得 B 公司 25%的股权，对 B 公司产生重大影响。此外，另支付评估费 5 万元。在取得投资的当天，A 公司可辨认净资产账面价值为 4 800 万元，公允价值为 5 000 万元。A 公司该项投资对损益的影响金额是(　　)。

A. 195 万元　　B. 0 万元　　C. 145 万元　　D. 190 万元

16. 下列税法要素中，体现征税广度的是(　　)。

A. 纳税义务人　　B. 税率　　C. 税目　　D. 征税对象

17. 银行本票自出票日起，付款期限最长不得超过(　　)。

A. 1 个月　　B. 2 个月　　C. 3 个月　　D. 6 个月

18. 甲企业于 2023 年 1 月 1 日购入乙公司发行的债券，作为债权投资核算。支付价款 2 000万元，另支付相关税费 50 万元，面值 3 000 万元，每年年末付息一次，票面利率 6%，实际利率 4%，2024 年 12 月 31 日债权投资—利息调整的余额为(　　)。

A. 982.8 万元　　B. 1 555.94 万元　　C. 2 000 万元　　D. 750.08 万元

19. 纳税人可利用存货计价方法进行税务统筹，在存货价格持续下跌的情况下，会使税负降低的计价方法是(　　)。

A. 计划成本法　　B. 先进先出法

C. 后进先出法　　D. 移动加权平均法

20. 2023年12月31日，甲公司与乙公司签订一项不可撤销的销售合同，约定甲公司于2024年3月12日以每吨2万元的价格向乙公司销售M产品200吨。2023年12月31日，甲公司库存该商品300吨，单位成本为1.8万元，单位市场销售价格为1.5万元。甲公司预计销售上述300吨库存商品将发生销售费用和其他相关税费30万元。2023年12月31日，该存货的可变现净值是(　　)。

A. 400万元　B. 500万元　C. 520万元　D. 550万元

二、多选题(本大题共20小题，每小题3分，共60分。在每小题给出的四个选项中，有两项或两项以上是符合题目要求的。多选、少选均不给分)

21. "客观公正"职业道德的内容有(　　)。

A. 依法办事　B. 实事求是　C. 公私分明　D. 如实反映

22. 下列属于会计岗位的有(　　)。

A. 会计档案移交前的会计档案管理岗位　B. 档案管理部门人员

C. 工资核算岗位　D. 资金核算岗位

23 下列税种中，采用比例税率征收的有(　　)。

A. 烟叶税　B. 增值税

C. 城市维护建设税　D. 城镇土地使用税

24. 下列各项中，不应记入"税金及附加"账户的有(　　)。

A. 销售商品时的增值税

B. 捐赠时的消费税

C. 耕地占用税

D. 企业以自产的应税消费品作为职工福利发放给职工时的消费税

25. 对账的内容有(　　)。

A. 账证核对　B. 账表核对　C. 账账核对　D. 账实核对

26. 下列各项属于财政部门对会计市场准入管理的有(　　)。

A. 会计从业资格取得的管理　B. 代理记账机构设立的管理

C. 会计机构从业人员任职资格的管理　D. 吊销执业资格

27. 关于财产清查的方法，说法不正确的有(　　)。

A. 银行存款采用实地盘点法

B. 永续盘存制只登记购入数量和金额，不登记发出的数量和金额

C. 实地盘点制有利于对存货的管理

D. 预收账款采用发函询证的方法进行核对

28. 下列各项中，不符合会计人员回避制度的有(　　)。

A. 某事业单位的单位负责人的侄女担任会计机构负责人

B. 会计机构负责人的妻子担任出纳工作

C. 小规模纳税企业法人的女儿担任会计主管人员

D. 会计机构负责人的妻子担任单位内部审计人员

29. 下列属于流动资产的是(　　)。

A. 合同资产　B. 其他货币资金

C. 合同取得成本　D. 递延所得税资产

30. 下列经济业务，企业所有者权益发生变化的有(　　)。

A. 宣告发放股票股利　B. 转销应付账款

C. 购买固定资产　D. 存货发生非常损失

31. 下列属于应交税费的二级明细科目的是(　　)。

A. 应交增值税　B. 转出未交增值税

C. 待转销项税额　D. 简易计税

32. 属于会计循环的内容的有(　　)。

A. 设置会计账户　B. 填制和审核会计凭证

C. 登记账簿　D. 编制决算报告

33. 下列各项中，应计入合同履约成本的有(　　)。

A. 支付给分包商的成本　B. 场地清理费

C. 客户承担的管理费用　D. 非正常消耗的直接材料

34. 甲公司是制造企业，下列不适用《企业会计准则第14号——收入》规定的有(　　)。

A. 甲公司以自产产品交换乙公司一台生产设备

B. 甲公司以自产产品作为端午节福利发放给公司员工

C. 甲公司销售不需要用材料一批

D. 甲公司出租资产收取的租金收入

35. 下列引起资产负债表中固定资产项目发生变动的有(　　)。

A. 固定资产计提折旧　B. 盘盈固定资产

C. 固定资产更新改造时转入在建工程　D. 固定资产发生减值

36. 下列经济业务不会导致所有者总额发生变化的有(　　)。

A. 税后利润补亏　B. 提取法定盈余公积

C. 盈余公积弥补亏损　D. 宣告分配现金股利

37. 下列各项中，属于辅助生产成本的分配方法的有(　　)。

A. 交互分配法　B. 代数分配法

C. 计划分配法　D. 顺序分配法

38. 存货的盘亏，按照规定报经批准予以转销时，可能借记的账户有(　　)。

A. 待处理财产损溢　B. 管理费用

C. 营业外支出　D. 销售费用

39. 甲公司与乙公司签订购买合同，甲公司签发一张汇票给乙公司作为预付款。下列情形中，会导致该汇票无效的有(　　)。

A. 金额栏填写的数额为"不超过20万元"　B. 未记载出票人签章

C. 记载了签发票据的用途是预付款　D. 未记载付款日期

40. 下列各项中，属于免征增值税的有(　　)。

A. 存款利息　B. 残疾人个人提供应税服务

C. 会计师事务所提供管理咨询服务　D. 个人转让著作权

三、案例计算及解析题(本大题共 2 小题，每小题 30 分，共 60 分)

41. 怀化振飞集团是增值税一般纳税人。2024 年 3 月发生如下经济业务：

① 当月领用外购的高档红酒一箱用于应酬，该批红酒购入时取得增值税专用发票，注明价款 10 万元，增值税 1.3 万元。

② 2024 年 1 月购进的一批包装材料因管理不善在 3 月被盗，该批包装物材料账面成本 12.6 万元，其中包含运费成本 2.6 万元。(运费增值税税率 9%)

③ 购进生产设备一台，取得增值税专用发票上注明的价款为 60 万元，增值税 7.8 万元，取得货运增值税专用发票，不含税运费 4 万元。

④提供文化创意服务，收取服务费价税合计 954 万元，尚未开具发票。

⑤取得流动资产存款利息收入 2 万元。

⑥员工因公出差，取得注明旅客身份信息的航空运输电子客票行程单，票价 4.8 万元，燃油附加费 0.65 万元。

要求：

(1) 判断业务①是否需要进项税额转出，并说明理由。(5 分)

(2) 计算业务②进项税额转出的金额。(5 分)

(3) 计算业务③可抵扣的进项税额。(5 分)

(4) 判断业务④的增值税税率，并计算销项税额。(5 分)

(5) 判断业务⑤是否需要缴纳增值税，并说明理由。(5 分)

(6) 计算业务⑥的销项税额。(5 分)

42. 成飞集团是一家大型国有企业。2023 年 12 月，发生以下经济业务：

① 刚毕业于某财经大学的小彭来公司实习，财务科科长刘某安排其编制 12 月的资产负债表、利润表和成本报表。小彭按周、旬和月编好了报表。董事长在看到财务部门交来的报表后，认为亏损不利于公司的战略发展，于是让叫来财务科科长刘某做一些处理“扭亏为盈”。刘某认为只要做得隐蔽就不会出问题，并且认为单位负责人对本单位会计资料的真实性和完整性负责，于是虚拟了几笔销售收入。重新编制好的财务报表由财务部门签字、董事长签字并对外报送。

② 向中国银行申请银行承兑汇票一张，银行审查后受理申请，并依法在票据上签章。在得到这张票据后没有在票据上签章便将该票据直接交付给乙公司作为购货款。乙公司又将此票据背书转让给丙公司以偿债。到了票据上记载的付款日期，丙公司持票向承兑银行请求付款时，该银行以票据无效为由拒绝付款。

要求：

(1) 小彭能否按周、旬编制报表？说明理由。(4 分)

(2) 关于财务报表报送的哪些行为不符合规定？简述理由。(5 分)

(3) 董事长行为尚不构成犯罪时，可以分别处以多少金额的罚款？如为国家工作人员的，还应当由其单位或有关单位给予什么样的行政处分？(4 分)

(4) 财务科科长的行为尚不构成犯罪时，可以分别处以多少金额的罚款？其行为违反了哪些会计职业道德基本内容？(4 分)

(5) 材料②中的汇票是否有效？(1 分)根据我国《票据法》关于汇票出票行为的规定，记载了哪些事项的汇票才为有效票据？(7 分)银行既然在票据上依法签章，它可以拒绝付款吗？为什么？(5 分)

四、实务综合题(本大题共 230 分，其中编制会计分录 180 分，编制资产负债表 50 分。“应收账款”“应交税费”“应付职工薪酬”“生产成本”应写明细科目，“生产成本”“应交增值税”应写明细项目，未写的每处扣 1 分。报表填写期末余额)

43. 怀化创新机械有限公司地处怀化市鹤城区，为增值税一般纳税人，主要从事甲产品和乙产品的生产和销售。增值税税率 13%，企业所得税税率 25%，城市维护建设税税率 7%，

教育费附加税率3%，地方教育附加税率2%。

存货采用实际成本法核算，存货的发出采用月末一次加权平均法计价。周转材料在领用时一次摊销，每月末对货币资金、存货和固定资产进行全面清查。其他应收款采用定额备用金制度核算。

公司采用品种法计算产品成本，成本项目为直接材料、直接人工和制造费用。月末在产品成本和完工产品成本之间的分配采用约当产量法。原材料在生产开始时一次投入，月末在产品的完工程度为50%。工资和制造费用按实际工时比例分配，本月生产甲产品需要工时3 200小时，生产乙产品需要工时1 800小时。任何成本、费用的分配先计算分配率，单位成本、各种分配率保留四位小数，金额保留两位小数。尾差计入管理费用、甲产品成本、在产品和月末库存商品成本。

公司短期借款年利率4.8%，按月计提，按季支付。长期借款是于2019年3月1日借入的5年期借款，分期付息，一次还本，年利率3.8%。

资料(一)

公司2024年11月30日科目余额表见表1、固定资产及累计折旧明细表见表2。

表1　科目余额表　　单位：元

总账科目	明细科目	计量单位	数量	单价	借方余额	贷方余额
库存现金					32 400	
银行存款					6 543 300	
其他货币资金					701 000	
	外埠存款				701 000	
应收票据					372 314	
	泰宇工程机械				372 314	
应收账款					1 207 190	
	海力设备制造				1 637 190	
	大乐机械					430 000
预付账款					352 800	
	天宝实业				352 800	
其他应收款					4 000	
	行政部门备用金				4 000	
原材料					1 938 230	
	A材料	吨	500	2 500	1 250 000	
	B材料	吨	120	3 000	360 000	
	C材料	吨	360	43	15 480	
	D材料	吨	210	1 000	210 000	
	E材料	件	150	685	102 750	
周转材料					120 000	
	包装箱	个	5 000	24	120 000	
库存商品					7 350 000	

续表

总账科目	明细科目	计量单位	数量	单价	借方余额	贷方余额
	甲产品	个	15 000	250	3 750 000	
	乙产品	个	20 000	180	3 600 000	
固定资产					20 872 210	
累计折旧						4 359 688.1
无形资产					236 100	
	专利权				236 100	
累计摊销						85 400
	专利权					85 400
短期借款						600 000
应付账款						593 600
	公成机械				152 000	
	湘龙设备					745 600
应付职工薪酬						414 800
	工资					340 000
	住房公积金					40 800
	工会经费					6 800
	职工教育经费					27 200
应交税费						234 556.4
	未交增值税					234 556.4
应付利息						4 800
其他应付款						24 355
	包装物押金					3 955
	住房公积金					20 400
长期借款						2 130 000
	中国银行(本金)					2 130 000
递延所得税负债						12 000
实收资本						20 000 000
盈余公积						3 195 046.5
	法定盈余公积					2 483 550
	任意盈余公积					711 496.5
本年利润						627 622
利润分配						8 177 698
	未分配利润					8 177 698
生产成本					7 300 022	
	基本生产成本(甲产品)				406 747	
	直接材料				323 456	
	直接人工				50 370	
	制造费用				32 921	

续表

总账科目	明细科目	计量单位	数量	单价	借方余额	贷方余额
	基本生产成本(乙产品)				323 275	
	直接材料				58 373	
	直接人工				251 450	
	制造费用				13 452	
合计					41 041 566	41 041 566

表 2　固定资产及累计折旧明细表

2024 年 11 月 30 日　　　　单位：元

部门	资产类别	原值	购入时间	折旧方法	会计使用期限(年)
销售部门	房屋及建筑物	3 100 000	2019 年 10 月	年限平均法	20
	机器设备	1 320 000	2019 年 11 月	双倍余额递减法	10
	小计	4 420 000			
生产车间	房屋及建筑物	12 400 000	2018 年 4 月	年限平均法	20
	机器设备	220 000	2018 年 7 月	年数总和法	8
	小计	12 620 000			
管理部门	房屋及建筑物	3 103 210	2021 年 10 月	年限平均法	20
	办公设备	520 000	2022 年 12 月	双倍余额递减法	5
	其他	209 000	2021 年 1 月	年数总和法	5
	小计	3 832 210			
合计		20 872 210			

资料(二)

2024 年 12 月，公司发生如下经济业务：

① 1 日，外埠存款转入基本存款账户。(5 分)

② 3 日，从天宝实业购入 C 材料 320 吨，单价 245 元/吨，增值税专用发票注明价款 78 400元，增值税 10 192 元；E 材料 540 件，单价 700 元/件，增值税专用发票注明价款 378 000元，增值税 49 140 元。此外，用银行存款支付运费 12 000 元，增值税 1 080 元；装卸费 5 200 元，增值税 676 元。(5 分)

③ 5 日，销售甲产品 5 000 个，单价 400 元/个；乙产品 5 240 个，单价 300 元/个，由于成批销售给予商业折扣 1%，现金折扣 2/10、1/20，基于对客户的了解，预计客户 20 天内付款的概率为 90%，20 天后付款的概率为 10%。现金折扣不考虑增值税。(5 分)

④ 6 日，转账支付上月职工工资并缴存住房公积金、缴纳上月增值税。(5 分)

⑤ 7 日，用银行存款支付广告费，取得增值税专用发票注明价款 857 937.58 元，增值税 51 476.25 元。(5 分)

⑥ 12 日，进口 1 辆小汽车，关税完税价格 100 万元，已知进口关税税率 15%，消费税税率 12%，款项用银行存款支付。(5 分)

⑦ 14 日，采购 B 材料 20 吨，价款 52 000 元，增值税 6 760 元；D 材料 35 吨，价款 42 000元，增值税 5 460 元，将应收泰宇工程机械的商业汇票背书转让，同时，差额已用银行存款支付。(5 分)

⑧ 15 日，生产部生产甲产品，领用 A 材料 400 吨、B 材料 20 吨、D 材料 210 吨、包装箱1 000个，生产乙产品领用 A 材料 100 吨、C 材料 620 吨、E 材料 100 件、包装箱 1 200 个，销售部门领用 B 材料 4 吨、C 材料 1 吨、E 材料 50 件。(5 分)

⑨ 16 日，与客户订立销售合同，向客户转让甲乙产品各 5 000 个，总价款为3 201 000元。两种产品的单独售价为 3 200 000 元、3 400 000 元，合同约定本月转让甲产品，下月转让乙产品，且在两种产品全部交付后，公司才有权收取全部合同对价。客户已取得甲产品的控制权。假设不考虑增值税。(5 分)

⑩ 17 日，行政部门报销差旅费 4 320 元，报销费用用现金支付。(5 分)

⑪ 18 日，计提长期借款利息，专用借款资金用于厂房建设，厂房上月已投入使用。(5 分)

⑫ 19 日，转账支付职工培训费，收到增值税专用发票，注明培训费 21 340 元，增值税 1 280.4元。(5 分)

⑬ 20 日，用银行存款支付生产设备维修费，增值税专用发票注明价款 31 000 元，增值税4 030元。(5 分)

⑭ 将专利权出售，增值税专用发票注明价款 154 200 元，增值税 9 252 元。(5 分)

⑮ 21 日，由于遭受洪水灾害从政府部门收到赈灾补贴 55 200 元。(5 分)

⑯ 22 日，以银行存款取得某公司 30%的股权，支付价款为 2 000 000 元，投资当天被投资单位可辨认净资产公允价值为 7 000 000 元，可辨认净资产账面价值 6 340 000 元。(5 分)

⑰ 24 日，收到自来水公司增值税专用发票，注明价款 53 200 元，增值税 6 916 元。收到供电公司增值税专用发票，电费 243 700 元，增值税 31 681 元，款项已转账支付。本月生产车间耗水 12 200 吨，耗电 161 300 千瓦·时；行政部门耗水 5 310 吨，耗电 43 210 千瓦·时；销售部门耗水 6 233 吨，耗电 36 200 千瓦·时。水电费按各部门实际耗用量分配。(8 分)

⑱ 31 日，对 B 材料、C 材料、E 材料进行减值测试，其可变现净值分别为 350 000 元、12 000 元、300 000 元。(5 分)

⑲ 支付行政罚款 37 400 元。(5 分)

⑳ 当月应发放工资 482 000 元，其中，生产部门直接生产人员工资 112 000 元，生产部门管理人员工资 74 300 元，管理部门人员工资 102 200 元，专设销售机构人员工资 80 000 元，内部开发原材料采购系统人员工资 113 500 元(原材料采购系统处于开发阶段)，公司按工资总额的 10%、12%、2%、12%、2%、8%计提医疗保险、养老保险、失业保险和住房公积金、工会经费、职工教育经费。(5 分)

㉑ 31 日，偿还短期借款利息。(5 分)

㉒ 期末，对库存现金进行盘点，盘点实存数 25 000 元，审批后盘亏数由责任人赔偿。(10 分)

㉓ 计提本月固定资产折旧。(5 分)

㉔ 结转制造费用。(5 分)

㉕ 产品完工入库。甲产品完工 16 000 个，第一道工序的定额工时 50 小时，在产品数量

5 000个；第二道工序的定额工时 30 小时，在产品数量 1 500 个；第三道工序的定额工时 20 小时，在产品数量 3 100 个。乙产品 3 100 个全部完工。(8 分)

㉖ 结转本月销售产品成本。(5 分)

㉗ 计算并结转本月应交增值税。(5 分)

㉘ 计提城市维护建设税、教育费附加、地方教育附加。(5 分)

㉙ 结转各损益科目。(10 分)

㉚ 计提并结转所得税费用。(14 分)

㉛ 将本年利润结转至利润分配。(5 分)

要求：根据上述资料(一)(二)，完成以下财务工作。

(1) 编制会计分录。(31 小题，共 180 分)

(2) 编制 2024 年 12 月 31 日资产负债表。(需填列的报表项目，每空 2 分，共 50 分)

表 3　资产负债表(简表)　　会企 01 表

编制单位：怀化创新机械有限公司　　2024 年 12 月 31 日　　单位：元

资产	期末余额	期初余额(略)	负债和所有者权益	期末余额	期初余额(略)
流动资产：			流动负债：		
货币资金	①		短期借款	600 000	
交易性金融资产			应付账款		
应收票据			预收账款	⑭	
应收账款	②		应付职工薪酬	⑮	
预付款项	③		应交税费	⑯	
其他应收款	④		其他应付款	⑰	
存货	⑤		一年内到期的非流动负债	⑱	
合同资产	⑥		流动负债合计	⑲	
其他流动资产			非流动负债：		
流动资产合计	⑦		长期借款	⑳	
非流动资产：			递延所得税负债	12 000	
固定资产	⑧		非流动负债合计	㉑	
在建工程			负债合计	㉒	
开发支出	⑨		所有者权益：		
长期待摊费用			实收资本	20 000 000	
长期股权投资	⑩		盈余公积		
递延所得税资产	⑪		未分配利润	㉓	
非流动资产合计	⑫		所有者权益合计	㉔	
资产总计	⑬		负债和所有者权益合计	㉕	

学号：________ 班级：________ 姓名：________
密 封 线 内 不 要 答 题

普通高等学校对口招生考试模拟(七)

财会类专业综合知识试题

试题卷共四大题，43小题。时量150分钟，满分390分

一、单选题(本大题共20小题，每小题2分，共40分。在每小题给出的四个选项中，只有一项是符合题目要求的)

1. 属于现金的使用范围的是(　　)。
A. 个人劳务报酬
B. 向个人收购农副产品和其他物资的价款
C. 出差人员必须随身携带的差旅费用
D. 结算起点(10 000元)以下的零星支出

2. 国家统一的会计制度是由(　　)制定的。
A. 国家审计部门　　B. 国务院经贸部门
C. 国务院财政部门　　D. 省级财政部门

3. 下列各项有关管理会计要素的说法中，正确的是(　　)。
A. 管理会计应用环境是实现管理会计目标的具体手段
B. 管理会计活动是单位管理会计工作的具体开展
C. 管理会计工具方法是单位应用管理会计的基础
D. 管理会计工具方法是单位管理会计工作的具体开展

4. 旭阳企业购入三项没有单独标价的不需要安装的固定资产A、B、C，实际支付的不含税价款总额为100万元。其中固定资产A的公允价值为60万元，固定资产B的公允价值为40万元，固定资产C的公允价值为20万元。不考虑其他因素，固定资产A的入账价值为(　　)。
A. 60万元　　B. 50万元
C. 100万元　　D. 120万元

5. 下列各项中，影响营业利润的是(　　)。
A. 接受现金捐赠　　B. 税收罚款支出
C. 当期确认的所得税费用　　D. 管理不善造成的库存现金短缺

6. 下列各项中，关于银行存款日记账的表述正确的是(　　)。
A. 应按实际发生的经济业务定期汇总登记
B. 仅以银行存款付款凭证为记账依据
C. 应按企业在银行开立的账户和币种分别设置
D. 不得使用多栏式账页格式

7. 下列关于会计档案的说法不正确的是(　　)。
A. 会计档案的保管期限一般分为10年和30年
B. 企业对月度、季度、半年度财务报告的最低保管期限为10年
C. 会计档案借用单位应当妥善保管和利用借入的会计档案，确保借入会计档案的安全完整，并在规定时间内归还
D. 各单位的预算、计划、制度等资料也归属于会计档案

8. 根据支付结算法律制度的规定，下列各项票据中，“付款人名称”不是必须记载事项的是(　　)。
A. 银行汇票　　B. 银行本票
C. 商业汇票　　D. 支票

9. 2023年年初可达公司“坏账准备—应收账款”科目贷方余额为3万元，8月20日收回已核销的坏账12万元并已入账，12月31日“应收账款”科目余额为220万元(所属明细科目为借方余额)，预计未来现金流量现值为200万元，不考虑其他因素，2023年年末该公司计提的坏账准备金额为(　　)。
A. 17万元　　B. 29万元
C. 20万元　　D. 5万元

10. 科亚公司、易辉公司均为增值税一般纳税人，适用的增值税税率为13%。科亚公司接受易辉公司投资的原材料一批，账面价值100 000元，投资协议约定的价值为120 000元，假定投资协议约定的价值与公允价值相符，增值税进项税额由投资方支付，并开具增值税专用发票，该项投资没有产生资本溢价。科亚公司因该项投资确认的实收资本金额为(　　)。
A. 100 000元　　B. 113 000元
C. 120 000元　　D. 135 600元

11. 2023年12月，旭阳公司与达勤公司签订了一项不可撤销的销售合同，约定旭阳公司于2024年1月16日以每吨2万元的价格(不含增值税)向达勤公司销售200吨产品。2023年12月31日，旭阳公司库存该产品300吨，单位成本1.8万元，单位市场销售价格为1.5万元/吨(不含增值税)。旭阳公司预计销售上述300吨库存商品，将发生销售费用和其他相关税费30万元。不考虑其他因素，2023年12月31日，上述300吨库存商品的可变现净值为(　　)。
A. 400万元　　B. 500万元
C. 520万元　　D. 550万元

12. 一般纳税人适用加计抵减进项税额政策的，应将加计抵减的进项税额计入(　　)。
A. 营业外收入　　B. 其他业务收入
C. 其他收益　　D. 其他应收款

13. 下列各项中，不属于职工福利薪酬的是(　　)。
A. 抚恤费　　B. 企业向职工发放的奖金
C. 丧葬补助费　　D. 防暑降温费

14. 根据个人银行结算账户的规定，可以办理转账业务的是(　　)。
A. Ⅰ类银行账户　　B. Ⅱ类银行账户
C. Ⅲ类银行账户　　D. Ⅰ类、Ⅱ类、Ⅲ类银行账户均可以

15. 丰康公司采用先进先出法计算发出甲材料的成本，2023年12月1日，结存甲材料200公斤，每公斤实际成本100元；12月10日购入甲材料300公斤，每公斤实际成本110

元；12 月 15 日发出甲材料 400 公斤。12 月末，库存甲材料的实际成本为(　　)。

A. 10 000 元　　B. 10 500 元

C. 10 600 元　　D. 11 000 元

16. 龙恒公司为一家生产并销售空调的企业，2023 年 5 月 6 日，龙恒公司与成元公司签订合同，约定销售给成元公司 5 台中央空调，并负责中央空调的安装工作，如果中央空调不能正常运行，则龙恒公司需要返修，然后再进行安装和检验，直至中央空调能正常运行。不考虑其他因素，下列各项表述正确的是(　　)。

A. 销售活动和安装服务可明确区分

B. 销售中央空调构成单项履约义务

C. 安装服务构成单项履约义务

D. 销售中央空调和安装服务构成单项履约义务

17. 企业未设置“预付账款”科目，发生预付货款业务时应借记的会计科目是(　　)。

A. 预收账款　　B. 其他应付款

C. 应收账款　　D. 应付账款

18. 单位之间会计档案交接完毕后，应当在会计档案移交清册上签名或盖章的是(　　)。

A. 经办人和监督人　　B. 监交人

C. 会计机构负责人　　D. 经办人

19. 根据会计法律制度的规定，会计专业技术人员每年参加继续教育取得的学分不得少于(　　)。

A. 120　　B. 90

C. 60　　D. 30

20. 根据增值税法律制度的规定，一般纳税人销售下列货物或者应税劳务适用免税规定的是(　　)。

A. 农产品　　B. 避孕药品

C. 自己使用过的汽车　　D. 图书

二、多选题(本大题共 20 小题，每小题 3 分，共 60 分。在每小题给出的四个选项中，有两项或两项以上是符合题目要求的。多选、少选不给分)

21. 采用定额比例法分配完工产品和月末在产品费用，应具备的条件有(　　)。

A. 各月末在产品数量变化较大　　B. 各月末在产品数量变化不大

C. 消耗定额或成本定额比较稳定　　D. 消耗定额或成本定额波动较大

22. 下列各项中，关于应收款项的相关说法正确的有(　　)。

A. 企业的预付账款，如有确凿证据表明因供货单位破产、撤销等原因无望再收到所购货物的，应当按规定计提坏账准备

B. 应收账款科目期末余额如果在贷方，一般反映的是企业预收的款项

C. 企业应当在资产负债表日对应收款项的账面价值进行评估，应收款项发生减值的，应当将减记的金额确认为减值损失，同时计提坏账准备

D. 我国企业会计准则确定应收款项的减值只能采用备抵法，不得采用直接转销法

23. 下列各项中，应计入所有者权益的有(　　)。

A. 交易性金融资产的公允价值变动

B. 投资者超额缴入的资本

C. 股票发行的溢价

D. 计入“资本公积—其他资本公积”的被投资单位的其他权益变动

24. 下列各项中，会计等式“资产 = 负债 + 所有者权益”左右两边总额保持不变的交易或事项有(　　)。

A. 采用会员制经营方式预收会员费入账

B. 股份有限公司宣告发放现金股利

C. 上市公司回购本公司股票

D. 收回预付包装物押金

25. 下列各项中，应计入企业期间费用的有(　　)。

A. 行政管理部门职工的薪酬　　B. 计提的无形资产减值准备

C. 生产部门机器设备的折旧费　　D. 预计产品质量保证损失

26. 下列各项中，导致企业利润总额减少的有(　　)。

A. 确认的当期所得税费用　　B. 销售商品过程中承担的保险费

C. 确认的固定资产减值损失　　D. 结转已提供劳务的成本

27. 下列关于银行结算账户的表述中，正确的有(　　)。

A. 设立临时工程指挥部可以申请开立临时存款账户

B. 设立临时摄制组可以申请开立临时存款账户

C. 从事建筑安装临时经营活动可以申请开立临时存款账户

D. 注册验资增资可以申请开立临时存款账户

28. 根据票据法律制度的规定，下列各项中，属于票据基本当事人的有(　　)。

A. 出票人　　B. 收款人

C. 付款人　　D. 保证人

29. 下列各项中，使得企业银行存款日记账余额小于银行对账单余额的有(　　)。

A. 企业送存支票，银行未作收款记录

B. 企业开出支票，对方未到银行兑现

C. 银行代扣水电费，企业尚未接到通知

D. 银行收到委托收款结算方式结算款项，企业尚未收到通知

30. 下列各项中，制造企业应计入销售费用的有(　　)。

A. 优化产品销售策略发生的咨询费

B. 销售商品专设销售机构发生的业务费

C. 拓展产品销售市场发生的业务招待费

D. 销售商品过程中承担的保险费

31. 下列项目中，应通过“应收票据”核算的有(　　)。

A. 银行汇票　　B. 银行承兑汇票

C. 商业承兑汇票　　D. 银行本票

32. 下列各项中，企业应计提折旧的资产有(　　)。

A. 已提足折旧仍继续使用的厂房

B. 已达到预定可使用状态但尚未办理竣工决算的项目

C. 日常维修停用的设备

D. 单独计价入账的土地

33. 下列各项中，属于流动负债的是(　　)。

A. 合同负债　　B. 应付票据

C. 短期借款　　D. 其他应付款

34. 下列关于平行结转分步法的说法中，正确的有(　　)。

A. 不计算各步骤所产半成品成本

B. 不计算各步骤所耗上一步骤的半成品成本

C. 能够简化和加速成本计算工作

D. 不能全面地反映各步骤产品的生产耗费水平(第一步骤除外)

35. 下列不属于原始凭证的有(　　)。

A. 领料单　　B. 银行存款余额调节表

C. 购销合同　　D. 生产计划

36. 根据个人所得税法律制度的规定，个人取得的下列收入中，应按照“劳务报酬所得”税目计缴个人所得税的有(　　)。

A. 职员小张取得的本单位优秀员工奖金

B. 高校教师王某从任职学校领取的工资

C. 工程师小李从非雇佣企业取得的咨询收入

D. 经济学家老黄从非雇佣企业取得的讲学收入

37. 根据企业所得税法律制度的规定，下列支出中，可以在计算企业所得税应纳税所得额时加计扣除的有(　　)。

A. 安置残疾人员所支付的工资　　B. 广告费和业务宣传费

C. 研究开发费用　　D. 购置环保用设备所支付的价款

38. 下列各项中，属于会计职业道德规范中诚实守信基本要求的有(　　)。

A. 做老实人、说老实话、办老实事、不搞虚假

B. 保密守信，不为利益所惑

C. 执业谨慎，信誉至上

D. 坚持准则，敢于同违法行为作斗争

39. 安梦公司的出纳王某经常迟到早退，在日常工作中对于领导李某报销的差旅费，及时报账，对于员工小张报销的差旅费却迟迟不予处理，王某该行为违背了会计职业道德的(　　)。

A. 爱岗敬业　　B. 诚实守信

C. 坚持准则　　D. 客观公正

40. 根据增值税法律制度的规定，下列服务中，免征增值税的有(　　)。

A. 学生勤工俭学提供的服务　　B. 火葬场提供的殡葬服务

C. 残疾人福利机构提供的育养服务　　D. 婚姻介绍所提供的婚姻介绍服务

三、案例计算及分析题(本大题共2小题，每小题30分，共60分)

41. 爱乐公司为国有企业，当地财政部门在对该公司进行执法检查的过程中发现下列问题：

① 该公司未设置总会计师，但设置了专门的会计机构；

② 3月，该公司法定代表人王乐的配偶李慧担任会计机构负责人，负责财务部门的日常管理、年度预算、成本费用等总体控制；

③ 4月，聘请刚从会计专业毕业的张萌担任出纳，张萌初级会计考试通过了初级会计实务科目；

④ 10月14日，档案室与会计科一同销毁一批保管期限已满的会计档案，未报经法定代表人批准，未编造会计档案销毁清册，销毁完未进行其他事项处理；

⑤ 12月24日，会计科科长王海发现公司年度利润为亏损，授意会计人员李浩将营业利润上调50万元。

要求：根据上述资料，不考虑其他因素，分析回答下列小题。

(1) 爱乐公司未设置总会计师的行为符合规定吗？请说明理由。(5分)

(2) 李慧的任职符合规定吗？请说明理由。(5分)

(3) 张萌担任出纳符合规定吗？请简述会计人员从事会计工作应当符合哪些要求。(6分)

(4) 爱乐公司销毁档案的行为符合规定吗？简述理由。(6分)

(5) 爱乐公司虚构利润属于什么行为？请写出其应承担的法律责任。(8分)

42. 2019 年 12 月，了了企业在 M 市注册成立，法定代表人为王某，了了企业聘请宋某为财务主管，并授权其为代理人办理开立银行结算账户事宜，宋某填写“开立银行结算账户申请书”。在 P 银行开具基本存款账户。2020 年 2 月，了了企业在 Q 银行开立一般存款账户，并拟支取现金 6 万元。

2021 年 6 月 1 日，了了企业更名为乐丰公司，同月办理了工商登记变更，6 月 10 日，会计到银行办理变更登记。

2023 年 6 月 8 日，乐丰公司因经营不善停业，宣告破产，拟撤销银行结算账户，当时该公司一般存款账户余额 15 万元，尚有未清偿其开户银行债务。

2023 年 10 月 4 日，该公司出纳到银行办理银行结算账户撤销手续。

要求：根据上述资料，不考虑其他因素，回答下列问题。

(1) 简述单位银行结算账户按用途的分类。(4 分)

(2) 宋某在“开立银行结算账户申请书”中应加盖哪些签章？请说明理由。(4 分)

(3) 了了企业关于一般存款账户的相关行为是否符合规定？简述一般存款账户的适用范围。(6 分)

(4) 乐丰公司办理变更登记的行为符合规定吗？请说明理由，并说出可能面临的处罚。(4 分)

(5) 乐丰公司能否撤销银行结算账户？简述理由。(6 分)

(6) 符合(5)题条件后，出纳能否办理单位银行结算账户撤销手续？(6 分)

四、实务综合题(本大题共 230 分，其中制表及编制会计分录 180 分，编制资产负债表 50 分。“应收票据”“应收账款”“应交税费”“应付职工薪酬”“生产成本”应写明细科目，“生产成本”“应交增值税”应写明细项目，未写的每处扣 1 分。报表只要求填写期末余额)

43. 湖南旭阳有限公司为增值税一般纳税人，增值税税率 13%，城市维护建设税税率 7%，教育费附加税率 3%，地方教育附加税率 2%，企业所得税税率 25%，主要从事甲、乙两种产品的生产制造及销售。

原材料、周转材料、库存商品的发出采用先进先出法核算。采用品种法计算产品成本，成本项目为直接材料、直接人工和制造费用。本月发生的直接材料按本月投产的产量在各种产品之间进行分配，本月发生的直接人工、制造费用及其他间接费用按实际生产工时在各种产品之间进行分配。公司设有机修和供水两个辅助生产车间。月末在产品和完工产品之间费用的分配采用约当产量法，原材料在开始生产时一次投入，直接人工和制造费用陆续投入，月末在产品完工程度均为 50%。

注：分配率、单位成本和加权平均单价保留四位小数，金额保留两位小数。

资料(一)

表 1　原材料期初余额表

2024 年 10 月 1 日

项目	单位	数量	单价(元)
A 材料	千克	19 840.00	14.00
B 材料	千克	4 700.00	15.00
C 材料	千克	280.00	30.00
D 材料	千克	15 750.00	20.00

表 2　库存商品期初余额表

2024 年 10 月 1 日　　单位：元

项目	单位	数量	成本	售价
甲产品	个	47 800.00	13.00	120.00
乙产品	个	40 050.00	15.50	45.00

表 3　甲产品、乙产品产量资料表

2024 年 10 月 31 日　　单位：个

产品名称	月初在产品	本月投产	本月完工产品	月末在产品	生产工时(小时)
甲产品	3 500	28 000	30 000	1 500	25 000
乙产品	4 000	44 000	0	48 000	35 000

表4　固定资产明细表

2024年10月31日

序号	部门	名称	原值(元)	使用日期	年限(年)
1	生产部门	房屋	3 850 000.00	2017年12月	20
		机器设备	2 250 000.00	2017年12月	10
		电子设备	80 000.00	2018年12月	3
		办公设备	9 000.00	2018年12月	3
2	机修车间	机修设备	280 000.00	2017年12月	10
3	供水车间	水箱	430 000.00	2017年12月	10
4	管理部门	房屋	600 000.00	2017年12月	20
		商务车	370 000.00	2018年1月	5
		小轿车	260 000.00	2021年10月	5
		电子设备	24 000.00	2017年12月	3
		办公设备	5 000.00	2017年12月	3

注：固定资产采用年限平均法计提折旧，各固定资产预计净残值率为4%。

表5　资产负债表

编制单位：湖南旭阳有限公司　　　　2024年9月30日　　　　单位：元

资产	期末余额	负债及所有者权益	期末余额
流动资产：		流动负债：	
货币资金	2 356 572.36	短期借款	300 000.00
应收账款	300 000.00	应付账款	185 430.00
存货	2 154 765.00	应付职工薪酬	271 253.60
		应交税费	257 896.84
		流动负债合计	1 014 580.44
		非流动负债：	
		长期借款	602 500.00
		非流动负债合计	602 500.00
流动资产合计	4 811 337.36	负债合计	1 617 080.44
非流动资产：		所有者权益：	
固定资产	5 899 192.00	实收资本(或股本)	6 000 000.00
		资本公积	1 680 000.00
		盈余公积	800 000.00
		未分配利润	613 448.92
非流动资产合计	5 899 192.00	所有者权益合计	9 093 448.92
资产总计	10 710 529.36	负债及所有者权益合计	10 710 529.36

注意：

短期借款为2024年5月1日借入建设银行6个月期贷款，年利率4%，分期计息。

长期借款为2021年5月1日借入工商银行5年期贷款，年利率6%，到期一次还本付息。

资料(二)

2024年10月发生如下业务：

① 1日，从蒙达公司采购A材料一批，共计5 000千克，每千克不含税单价15.00元，增值税税率为13%。收到增值税专用发票，材料已收到并验收入库，采用电汇方式汇款。(5分)

② 5日，为星壹公司提供培训，取得含税培训服务收入106 000.00元，增值税税率为6%。开具增值税普通发票，收到星壹公司采用银行汇票支付的款项。(5分)

③ 7日，购入包装箱10 000个，每个不含税单价2.00元，增值税税率为13%。收到增值税专用发票，采用转账支票支付货款。包装箱已收到并验收入库。(5分)

④ 8日，收到财政局的罚款单，罚款1 500.00元，用现金支付。(5分)

⑤ 10日，向丽华公司销售甲产品20 000个，每个不含税销售单价45.00元。开具增值税专用发票，款项未收。(5分)

⑥ 11日，用银行存款支付购买支票款项50.00元；用现金购买A4打印纸，取得增值税普通发票注明价款776.70元，增值税23.30元，打印纸交付生产车间使用；通过红十字会向福利院捐款20 000.00元，用现金支票支付。(5分)

⑦ 11日，通过银行缴纳上月增值税93 250.00元，城市维护建设税6 527.50元，教育费附加2 797.50元，地方教育附加1 865.00元，个人所得税94.61元。(5分)

⑧ 12日，通过银行发放上月工资，应付工资总额为221 465.20元，其中，总经理6 500.00元、行政部门5 000.00元、销售部门4 000.00元、财务部门26 000.00元、生产部门123 750.00元、机修车间9 462.00元、供水车间8 000.00元；代扣社会保险费21 760.59元、住房公积金16 898.00元、个人所得税税额94.61元，实发182 712.00元。(5分)

⑨ 20日，用外埠存款从世英公司采购B、C两种材料，分别为800千克、500千克，每千克不含税单价分别为17.00元、34.00元，增值税税率为13%。收到增值税专用发票，材料已验收入库。(5分)

⑩ 22日，向敏力公司销售甲、乙两种产品，分别为1 000个、800个，每个不含税销售单价分别为40.00元、45.00元。经双方协议，此次货款给予5%的商业折扣，销售额和折扣

额在同一张增值税专用发票上分别注明。收到银行收款通知单。(5分)

⑪ 25日，本月发出材料见表6。(5分)

表6 本月发出材料汇总表

部门：生产车间 2024年10月

品名	单位	发料数量	
A材料	千克	18 340.00	甲、乙两种产品共用
B材料	千克	3 420.00	
C材料	千克	370.00	
D材料	千克	9 780.00	

⑫ 25日，向爱乐公司销售乙产品3 000个，每个不含税销售单价48.00元。开具增值税专用发票，收到爱乐公司开具的一张100 000.00元的银行承兑汇票，其余款项已收存银行。(5分)

⑬ 25日，通过银行支付上月社会保险费，其中，单位缴纳32 890.40元，个人缴纳21 760.59元；支付上月公积金，其中，单位缴纳16 898.00元，个人缴纳16 898.00元。(5分)

⑭ 25日，销售员王敏报销差旅费，共计780.00元，财务部门用现金支付。报销明细：高铁票2张，每张90元；餐饮增值税普通发票1张，价税合计280.00元，其中，价款271.84元，增值税8.16元；住宿费增值税专用发票1张，价税合计320.00元，增值税税率为6%。(5分)

⑮ 26日，因仓管员管理不善造成C材料报废50千克，经开会决定，对仓管员处以罚款500元，款项尚未收取。(10分)

⑯ 26日，购买小轿车1辆，价格260 000元，增值税专用发票注明增值税33 800.00元。款项通过银行转账支付。(5分)

⑰ 27日，收到仓管员罚款。(5分)

⑱ 28日，将2020年1月购买的商务车出售给二手车市场，用银行支票支付处置评估费，取得的增值税普通发票注明价款9 433.96元，增值税566.04元；收到出售价税款项合计105 000.00元，存入银行，增值税税率为13%，开具增值税专用发票。(12分)

⑲ 31日，计提本月工资194 550.00元，其中，生产车间工人工资130 500.00元、生产车间管理人员工资6 000.00元、机修车间工人工资9 250.00元、供水车间工人工资9 750.00元、管理人员工资35 000.00元、销售部门人员工资4 050.00元。(5分)

⑳ 31日，计提本月社会保险费。其中，甲产品工人社会保险费8 185.00元、乙产品工人社会保险费11 457.50元、生产车间管理人员社会保险费785.70元、机修车间人员社会保险费928.50元、供水车间人员社会保险费957.10元、行政管理人员社会保险费5 499.90元、销售人员社会保险费785.70元。(5分)

㉑ 31日，计提本月住房公积金。其中，生产车间工人住房公积金8 100.00元、生产车间管理人员住房公积金324.00元、机修车间工人住房公积金920.00元、供水车间工人住房公积金972.00元、行政管理人员住房公积金2 268.00元、销售人员住房公积金324.00元。(5分)

㉒ 31日，收到水电费增值税专用发票，注明不含税电费15 800.00元、不含税水费6 327.00元。其中，生产甲产品耗用水电费4 518.75元、生产乙产品耗用水电费6 326.25元、生产车间耗用水电费2 350.00元、机修车间耗用水电费3 009.50元、供水车间耗用水电费2 390.00元、行政部门耗用水电费1 295.00元、销售部门耗用水电费2 237.50元。(5分)

㉓ 31日，计提本月折旧。(5分)

㉔ 31日，采用直接分配法分配辅助生产车间费用。机修车间本月提供劳务量共计4 700小时，其中，基本生产车间耗用3 200小时、供水车间耗用200小时、行政部门耗用800小时、销售部门耗用500小时；供水车间本月提供水量3 600吨，其中，基本生产车间耗用2 800吨、机修车间耗用100吨、行政部门耗用500吨、销售部门耗用200吨。(注：尾差计入销售部门)(5分)

㉕ 31日，分配本月制造费用。(注：尾差计入乙产品)(5分)

㉖ 31日，结转完工甲产品成本。(注：尾差计入在产品)(计算3分，分录5分)

㉗ 31日，计提本月借款利息。(5分)

㉘ 31日，结转本月未交增值税。(5分)

㉙ 31日，计提城市维护建设税、教育费附加、地方教育附加。(5分)

㉚ 31日，结转本月产品销售成本。(5分)

㉛ 31日，结转本月所得税费用。(5分)

㉜ 31日，结转本月损益。(10分)

要求：

(1) 根据上述资料，编制会计分录。(180分)

(2) 根据上述资料编制资产负债表(表7)。(需填列的报表项目，每空2分，共50分)

表7 资产负债表(简表)

编制单位：湖南旭阳有限公司 年 月 日 单位：元

资产	期末余额	负债及所有者权益	期末余额
流动资产：		流动负债：	
货币资金	①	短期借款	⑩
应收票据	②	应付账款	⑪
应收账款	③	应付职工薪酬	⑫
其他应收款	④	应交税费	⑬
存货	⑤	其他应付款	⑭
		流动负债合计	⑮
		非流动负债：	
		长期借款	⑯
		非流动负债合计	⑰
流动资产合计	⑥	负债合计	⑱

续表

资产	期末余额	负债及所有者权益	期末余额
非流动资产：		所有者权益：	
固定资产	⑦	实收资本	⑲
		资本公积	⑳
		其他综合收益	㉑
		盈余公积	㉒
		未分配利润	㉓
非流动资产合计	⑧	所有者权益合计	㉔
资产总计	⑨	负债及所有者权益合计	㉕

姓名：________ 班级：________ 学号：________
密 封 线 内 不 要 答 题

普通高等学校对口招生考试模拟(八)

财会类专业综合知识试题

本试题卷共四大题，43 小题。时量 150 分钟，满分 390 分

一、单选题(本大题共 20 小题，每小题 2 分，共 40 分。在每小题给出的四个选项中，只有一项是符合题目要求的)

1. 能够清晰地反映账户之间对应关系的会计账务处理程序的是(　　)。

A. 科目汇总表账务处理程序　　B. 汇总记账凭证账务处理程序

C. 多栏式日记账账务处理程序　　D. 电算会计账务处理程序

2. 凡有现金收入的单位，其现金收入应当日及时交存(　　)。

A. 财务部门　　B. 开户银行

C. 出纳员保管　　D. 单位保险柜

3. 与制造费用属于同一类会计科目的是(　　)。

A. 生产成本　　B. 管理费用

C. 长期待摊费用　　D. 累计折旧

4. 为及时掌握各项财产物资的增减变动和结存情况，一般会采用(　　)。

A. 权责发生制　　B. 收付实现制

C. 实地盘存制　　D. 永续盘存制

5. 关于会计职业道德与会计法律制度的表述，不正确的是(　　)。

A. 会计职业道德是会计法律制度的重要补充

B. 会计法律制度是对会计职业道德的最高要求

C. 会计法律制度是会计职业道德的基本制度保障

D. 会计职业道德调整会计人员的外在行为和内在的精神世界，会计法律制度侧重于调整会计人员的外在行为和结果的合法化

6. 根据盘存单和有关账簿记录编制，并据以调整财产物资账面记录的原始凭证是(　　)。

A. 入库单　　B. 出库单

C. 领料单　　D. 实存账存对比表

7. 甲公司出纳人员于某因工作调动须办理会计工作移交，(　　)应当依法负责督其办理交接手续。

A. 单位负责人李某　　B. 会计机构负责人王某

C. 审计机构负责人刘某　　D. 人力资源部门负责人赵某

8. 平安公司对生产线进行升级改造，该生产线原值 2 000 万元，已计提折旧 1 200 万元，改造过程中发生支出 800 万元，被替换的部分生产线原值 200 万元，出售取得变价收入 2 万元，升级改造完工后，该厂房的入账价值为(　　)。

A. 1 398 万元　　B. 1 400 万元

C. 1 518 万元　　D. 1 520 万元

9. 顺水公司 2021 年 5 月 31 日银行存款日记账余额 256 万元，银行对账单余额 273 万元，经核对发现：会计人员将一笔 8.6 万元的提现业务误记为 6.8 万元；漏记一笔 7.5 万元利息收入。经调节后的银行存款日记账余额是(　　)。

A. 212.3 万元　　B. 238.7 万元

C. 261.7 万元　　D. 273 万元

10. 顺阳公司库存商品采用毛利率法核算，2024 年 5 月初商品成本 900 万元，本月购进商品成本 3 700 万元，本月销售商品收入 2 800 万元，商品毛利率 18%，则 5 月结存商品的成本是(　　)。

A. 1 800 万元　　B. 2 304 万元

C. 2 404 万元　　D. 4 096 万元

11. 平安公司 2024 年年初未分配利润 200 万元，盈余公积 800 万元，2024 年度实现净利润 1 000 万元，提取法定盈余公积 100 万元、任意盈余公积 25 万元，宣告发放现金股利 50 万元，不考虑其他因素，平安公司 2024 年年末留存收益为(　　)。

A. 1 000 万元　　B. 1 950 万元

C. 2 000 万元　　D. 2 075 万元

12. 平安公司购入健康公司当日发行的 5 年期债券，面值为 3 000 万元，实际支付 3 050 万元，另支付相关税费 1 万元，则该项债权投资的入账价值为(　　)。

A. 3 000 万元　　B. 3 050 万元

C. 3 051 万元　　D. 3 055 万元

13. 顺胜公司 2021 年 6 月 3 日购入一台生产设备，原价 2 000 万元，预计净残值 50 万元，预计使用 5 年，采用双倍余额递减法计提折旧，2024 年度该设备应计提的折旧额是(　　)。

A. 191 万元　　B. 216 万元

C. 239.5 万元　　D. 288 万元

14. 下列构成顺达公司 2024 年 5 月 31 日资产的是(　　)。

A. 5 月 1 日拟采购一批钢材

B. 5 月 8 日租入一台租期为 3 个月的吊车

C. 5 月 31 日生产车间从仓库领用一批原材料

D. 5 月 31 日盘亏一台打印机

15. 属于所有者权益变动表项目的是(　　)。

A. 企业采用的重要会计政策　　C. 购买商品支付的现金

C. 应付债券　　D. 盈余公积转增资本

16. 属于合同取得成本的是(　　)。

A. 差旅费　　B. 业务招待费

C. 律师咨询费　　D. 销售佣金

17. 下列各项中，分配辅助生产费用不可能记入的科目是(　　)。

A. 辅助生产成本　　B. 制造费用
C. 基本生产成本　　D. 财务费用

18. 下列各项在资产负债表中单独列示的是(　　)。
A. 工程物资　　B. 应收股利
C. 预收款项　　D. 应付利息

19. 下列经济事项体现“实质重于形式”原则的是(　　)。
A. 购进精密仪器采用双倍余额递减法计提折旧
B. 库存材料采用成本与可变现净值孰低法计量
C. 融资租入机床视同自有资产管理
D. 计提已经销售产品的质量保证金

20. 2024 年 5 月 31 日对账，发现上月少计提折旧，应采用的错账更正方法是(　　)。
A. 划线更正法　　B. 红字更正法
C. 补充登记法　　D. 蓝字更正法

二、多选题(本大题共 20 小题，每小题 3 分，共 60 分。在每小题给出的四个选项中，有两项或两项以上是符合题目要求的。多选、少选均不给分)

21. 下列项中，企业的会计处理符合谨慎性要求的是(　　)。
A. 在存货的可变现净值低于成本时，计提存货跌价准备
B. 在应收款项实际发生坏账损失时，确认坏账损失
C. 对售出商品很可能发生的保修义务确认预计负债
D. 将企业属于研究阶段的研发支出确认为研发费用

22. 下列各项会计人员的行为中，属于遵守客观公正会计职业道德的有(　　)。
A. 在企业发生严重亏损时，坚持按照企业会计准则要求计提资产减值准备
B. 面对众多利益相关者始终保持不偏不倚的客观态度
C. 在处理利益相关者关系时保持应有的独立性
D. 坚持以合法有效的原始凭证为依据进行会计处理

23. 下列各项中，属于企业短期职工薪酬内容有(　　)。
A. 支付给职工张阳生活困难补助 5 000 元
B. 为职工缴纳 6 月份的工伤保险费 100 000 元
C. 支付给职工李华休产假期间的工资 15 000 元
D. 为辞退职工王明而支付的补偿金 30 000 元

24. 下列法律责任中属于刑事责任的是(　　)。
A. 罚金　　B. 罚款
C. 没收财产　　D. 没收违法所得

25. 甲公司属于增值税一般纳税人，2022 年 9 月购进国内旅客运输服务，取得的下列票据中，可以作为进项税额抵扣的是(　　)。
A. 增值税电子普通发票
B. 注明员工身份信息的航空运输电子客票行程单
C. 注明员工身份信息的铁路车票
D. 注明员工身份信息的公路/水路客票

26. 根据增值税法律制度，下列纳税行为可选择简易计税的是(　　)。
A. 公交客运服务　　B. 动画设计服务
C. 仓储服务　　D. 装卸搬运服务

27. 下列关于消费税的征税范围的表述中，正确的是(　　)。
A. 纳税人自产自用的应税消费品，用于连续生产应税消费品的，不缴纳消费税
B. 纳税人将自产自用的应税消费品用于馈赠、赞助的，缴纳消费税
C. 委托加工的应税消费品，受托方在交货时已代收代缴消费税，委托方收回后直接销售的，再交一道消费税
D. 卷烟在生产和批发两个环节均征收增值税

28. 甲公司的下列行为中，属于虚开发票的有(　　)。
A. 为乙公司开具与实际经营业务情况不符的发票
B. 让丙公司为自己开具与实际经营业务情况不符的发票
C. 介绍丁公司开具与实际经营业务情况不符的发票
D. 为自己开具与实际经营业务情况不符的发票

29. 根据税款征收管理法律制度规定，税务机关在实施税务检查时，可以行使的职权有(　　)。
A. 检查纳税人的会计资料
B. 检查纳税人货物存放地的应纳税商品
C. 检查纳税人托运、邮寄应纳税商品的单据、凭证
D. 经法定程序批准，查询纳税人在银行的存款账户

30. 企业内部控制的措施有(　　)。
A. 不相容职务分离控制　　B. 授权批准控制
C. 会计系统控制　　D. 绩效考评控制

31. 下列单据，属于自制原始凭证的有(　　)。
A. 支票存根　　B. 差旅费报销单
C. 产品入库单　　D. 收料凭证汇总表

32. 通程百货商场采用售价金额核算法进行核算，2022 年 5 月 31 日结账前有关账户余额如下：“库存商品”借方余额 750 000 元，“商品进销差价”贷方余额 150 000 元，“主营业务收入”贷方发生额合计 600 000 元，下列正确的有(　　)。
A. 期末商品进销差价率为 25%
B. 期末已销商品应分摊的商品进销差价为 120 000 元
C. 本月已销商品的实际成本为 480 000 元
D. 本月结存商品的实际成本为 150 000 元

33. 根据支付结算法律制度的规定，下列票据记载事项中，属于相对记载事项的有(　　)。
A. 承兑日期　　B. 出票日期
C. 背书日期　　D. 保证日期

34. 对于伪造、变造会计凭证、会计账簿的行为，构成偷税罪应同时具备的条件是(　　)。

A. 偷税额占应纳税额的 10%以上　　B. 偷税额在 1 万元以上

C. 偷税额在 10 万元以上　　D. 偷税额占应纳税额的 30%以上

35. 根据借贷记账法的记账规则，下列说法正确的有(　　)。

A. 每个账户的借方余额必然等于该账户的贷方余额

B. 某个账户有借方余额就不可能有贷方余额

C. 全部账户借方发生额合计等于全部账户贷方发生额合计

D. 每个账户的借方发生额必然等于该账户的贷方发生额

36. 财务会计报告的组成内容有(　　)。

A. 会计报告　　B. 会计报表附注

C. 审计报告　　D. 财务状况说明书

37. 网上银行的主要功能是(　　)。

A. 账户信息查询　　B. 支付指令

C. B2B 网上支付　　D. 批量支付

38. 关于使用权资产，说法正确的有(　　)。

A. 使用权资产，是指承租人可在租赁期内使用租赁资产的权利

B. 使用权资产的核算范围，为承租人的所有租赁业务取得的使用权资产

C. 承租人应当采用成本模式对使用权资产进行后续计量

D. 承租人应当按照资产减值的规定，确定使用权资产是否发生减值，并对已识别的减值损失进行会计处理

39. 下列违法行为尚未构成犯罪的，对单位罚款金额相同的有(　　)。

A. 隐匿或者故意销毁依法应当保存的会计资料

B. 编制虚假财务会计报告

C. 没有按照规范保管会计资料，致使会计资料毁损无法使用

D. 伪造、变造会计凭证、会计账簿

40. 按照会计信息质量要求中的谨慎性原则，企业会计核算时应当(　　)。

A. 不高估资产　　B. 不高估收益

C. 不低估负债　　D. 不低估费用

三、简答题(本大题共 2 小题，第 41 小题 27 分，第 42 小题 15 分，共 42 分)

41. 福光摩托车制造厂为增值税一般纳税人，适用的增值税税率为 13%，城市维护建设税税率为 7%，教育费附加税率为 3%，甲型摩托车的消费税税率为 10%。2024 年 12 月初，该摩托车制造厂“应交税费—应交增值税”明细账户借方余额 80 000 元，当月销售甲型摩托车 100 辆，每辆价款 50 000 元，单位成本 30 000 元，款项收到并存入银行。当月委托光明公司加工摩托车收回后继续安装各项配件再销售出去，当时发出材料成本为 500 000 元，支付加工费60 000元，增值税 7 800 元，运输费 5 000 元，光明公司代收代缴消费税。当月为生产甲型摩托车购入的原材料可抵扣的增值税进项税额为 100 000 元。

要求：根据上述资料回答下列问题。

(1) 增值税的纳税人怎么分类？分类标准是怎样的？不同纳税人的计税标准分别是怎样的？(6 分)

(2) 什么是消费税？消费税采用的税率有哪些形式？(5 分)

(3) 进口环节的增值税、消费税由哪个部门征收？出口退税时的增值税、消费税由哪个政府部门办理？(4 分)

(4) 光明公司代收代缴的消费税是多少？福光摩托车制造厂 12 月应交消费税是多少？(4 分)

(5) 福光摩托车制造厂 12 月应交增值税是多少？(4 分)

(6) 福光摩托车制造厂 12 月应交城市维护建设税和教育费附加分别是多少？(4 分)

42. 甲企业收到一张面额为120 000元的商业承兑汇票，承兑人为新民工厂，出票日期为5月5日，期限4个月，票面利率7%，由于企业急需资金，于6月15日持票到银行申请贴现，银行贴现率为9%。

要求：

(1) 企业对商业汇票进行贴现的目的是什么？(4分)

(2) 票据贴现需要的条件有哪些？(4分)

(3) 计算到期值、贴现期、贴现利息、贴现净值。(4分)

(4) 进行取得贴现收入的账务处理。(3分)

四、实务综合题(本大题共248分，其中编写会计分录200分，编制资产负债表48分。“应收账款”“应付账款”“应交税费”“应付职工薪酬”“生产成本”“长期股权投资”应写明细科目，“生产成本”“应交增值税”应写明细项目，未写的每处扣1分。报表只要求填写期末余额)

43. 湖南永乐鞋业有限公司地处长沙市芙蓉区，为增值税一般纳税人，增值税税率13%，企业所得税税率25%，城市维护建设税税率7%，教育费附加税率3%，地方教育附加税率2%。主要从事各种优质男鞋和女鞋的生产和销售，开户银行为中国建设银行长沙蔡锷路支行。

应收账款坏账准备核算采用余额百分比法，按月计提坏账准备，计提比例为5%，其他的应收款项不计提坏账准备。

原材料、库存商品、在产品均按实际成本法核算，发出原材料按照先进先出法核算，委托代销发出商品按期初成本核算，销售库存商品采用月末一次加权平均法核算。

公司采用品种法计算产品成本，成本项目为直接材料、直接人工和制造费用。制造费用、生产工人工资均按产品的生产工时分配，尾差计入女鞋。男鞋生产工时为3 000小时，女鞋生产工时为2 000小时。

公司设有一个生产中心和供水、供电两个辅助生产车间，采用约当产量法分配在产品和完工产品成本，原材料在生产开始时一次投入，设置在产品完工程度为50%，辅助生产费用采用交互分配法分配。任何成本、费用的分配先计算分配率，单位成本、各种分配率及金额的计算统一保留两位小数，尾差计入在产品成本和月末库存商品成本。

固定资产折旧采用直线法，固定资产折旧方法、折旧年限与税法的规定一致。无形资产按直线法摊销。

本月生产数量如下：

单位：双

产品名称	月初在产品数量	本月投产数量	本月完工产品数量	月末在产品数量
男鞋	1 200	2 000	2 300	900
女鞋	1 400	3 000	3 600	800

资料(一)

公司2024年4月30日科目余额表见表1，固定资产及折旧明细表见表2，无形资产按直线法摊销明细表见表3。

表1　科目余额表

2024年4月30日

单位：元

总账科目	明细科目	数量	单价	借方余额	贷方余额
库存现金				59 521	
银行存款				13 347 006.31	
其他货币资金				900 000	
	支付宝			321 000	

续表

总账科目	明细科目	数量	单价	借方余额	贷方余额
	微信			579 000	
交易性金融资产	南江科技(成本)			1 000 000	
应收账款				5 800 000	
	河北荣光商贸			2 100 000	
	湖北新明百货			2 600 000	
	北京信达商贸			800 000	
	深圳越远科技			300 000	
坏账准备	应收账款				290 000
其他应收款	小王			1 000	
	小红			2 000	
应收退货成本				5 400	
原材料				1 398 250	
	牛筋底	5 320 双	150	798 000	
	牛皮	2 700 张	200	540 000	
	珠光线	1 205 筒	50	60 250	
库存商品				1 255 000	
	男鞋	2 000 双	380	760 000	
	女鞋	1 800 双	275	495 000	
长期股权投资				4 750 000	
固定资产				5 901 000	
累计折旧					1 220 443. 84
无形资产				1 550 000	
累计摊销					296 249. 67
应付账款	湖南振业鞋厂				1 300 000
应付职工薪酬					452 165. 20
	工资				354 700
	社保				74 505. 20

续表

总账科目	明细科目	数量	单价	借方余额	贷方余额
	公积金				22 960. 00
其他应付款	社保(个人部分)				29 561
	公积金(个人部分)				22 960
应交税费					57 289. 60
	未交增值税				47 580. 00
	应交城市维护建设税				3 330. 60
	应交房产税				4 000. 00
	应交教育费附加				1 427. 40
	应交地方教育附加				951. 60
长期借款					2 000 000
预计负债					121 440. 00
	应付退货款				11 440
	罚款—诉讼				110 000
实收资本					30 000 000
盈余公积	法定盈余公积				325 750
本年利润					
利润分配	未分配利润				732 695
生产成本	基本生产成本			879 377	
	基本生产成本(男鞋)			466 197	
	直接材料			426 800	
	直接人工			16 280	
	制造费用			23 117	
	基本生产成本(女鞋)			413 180	
	直接材料			389 700	
	直接人工			9 030	
	制造费用			14 450	
合计				36 848 554. 31	36 848 554. 31

表 2　固定资产及折旧明细表

2024 年 4 月 30 日　　　　　　　　　　单位：元

项目	使用部门				
	生产车间	管理部门	销售部门	使用时间	使用年限(年)
厂房	2 022 400			2019 年 10 月	20
切断机	450 000			2019 年 10 月	5
抛光机	300 000			2019 年 10 月	5
烘烤机	500 600			2019 年 10 月	5
压边机	164 000			2019 年 10 月	5
写字楼		2 079 000	10 000	2019 年 10 月	20
货车		300 000	40 000	2019 年 10 月	5
电脑		12 000	8 000	2019 年 10 月	5
空调		10 000	5 000	2019 年 10 月	5
合计	3 437 000	2 401 000	63 000		

表 3　无形资产按直线法摊销明细表

序号	名称	部门	取得日期	摊销年限(年)	原值(元)
1	土地使用权	管理部门	2019 年 10 月	40	1 000 000
2	商标权	管理部门	2021 年 1 月	5	300 000
3	财务软件	管理部门	2019 年 10 月	5	200 000
4	设计软件	研发部	2019 年 11 月	5	50 000
	合计				1 550 000

资料(二)

2024 年 5 月，公司发生如下经济业务：

① 1 日，采购原材料，取得增值税专用发票。牛筋底 5 000 双，单价 150 元/双；牛皮产品 3 000 张，单价 200 元/张；珠光线 1 000 筒，单价 50 元/筒。共计支付价款 1 400 000 元，增值税 182 000 元；另外支付运输费 900 元，增值税 81 元，运费按采购数量分配。全部用网银支付。(5 分)

② 3 日，公司员工小王因公出差回来报销差旅费，取得注明旅客身份信息的铁路客票 1 张，票面金额 109 元，含手续费 5 元，余款收回。(5 分)

③ 5 日，采购部小红报销差旅费，取得往返高铁票各 1 张，每张金额 388.5 元，取得住宿增值税专用发票上注明价款 752.48 元，增值税 7.52 元，余款交回。(5 分)

④ 6 日，购买南江科技的股票公允价值上升为 1 120 000 元。(5 分)

⑤ 7 日，办公室报销业务招待费，取得增值税普通发票，注明业务招待费 1 981.13 元，增值税 118.87 元，出纳以银行存款支付。(5 分)

⑥ 8 日，公司决定为单位员工发放高温补贴，其中管理部门 2 700 元、销售部门 1 500 元、研发部门 450 元、车间管理部门 150 元、生产车间工人 2 100 元、供水生产车间 600 元、供电生产车间 600 元。(5 分)

⑦ 12 日，湖南振业鞋厂诉告本公司商品购销合同纠纷一案终结，本公司败诉，须支付罚款 50 000 元。(背景：上月湖南振业鞋厂向法院提起诉讼，当时法律顾问认为败诉的可能性为 80%，预计诉讼费 10 000 元，逾期违约金 5 万~15 万元，且这个区间每个金额发生的可能性相同，同日已进行相应账务处理)(5 分)

⑧ 用银行存款发放上月工资，并代扣个人所得税 54 353.64 元。(5 分)

⑨ 缴纳上个月社保费用和公积金，网银支付。(5 分)

⑩ 15 日，以出包方式对厂房进行改扩建。签订合同后 100%付款，改扩建工程价款 10 万元，取得增值税专用发票，增值税 9 000 元。全部款项通过网银支付。(10 分)

⑪ 17 日，支付湖南振业鞋厂欠款、罚款及违约金。(5 分)

⑫ 20 日，委托天津永和商贸公司代销男鞋、女鞋各 500 双，销售价格分别为 800 元和 600 元，按销货款的 9%支付手续费，货当日发出。(10 分)

⑬ 21 日，经查发现管理员疏忽大意造成原材料牛筋底毁损 4 200 元，批准决定由管理员王婷赔偿。(10 分)

⑭ 销售商品给湖南福亿商贸有限公司，男鞋、女鞋各 1 000 双，男鞋售价 800 元，女鞋售价 600 元，均为不含税价，款项已经收到存入银行。(5 分)

⑮ 25 日，出售南江科技股票，成交价格 1 200 000 元，收到银行存款。此金融资产取得时的价款为 1 000 000 元，转让金融商品增值税税率为 6%，不考虑其他因素。(10 分)。

⑯ 缴纳本月水电费。电费增值税专用发票价款 38 916 元，增值税 5 509.08 元；水费增值税专用发票价款 16 075 元，增值税 1 446.75 元，均以银行存款支付。(5 分)

⑰ 27 日，收到天津永和商贸公司发来的委托代销清单，男鞋 230 双、女鞋 190 双，男鞋每双含税单价 904 元、女鞋每双含税单价 678 元，共计 336 740 元。结算应支付手续费为不含税收入的 9%，并取得增值税专用发票。(5 分)

⑱ 28 日，收到上月销售退货，并退款。按原定预计退货率 8%退回，退回男鞋 8 双、女鞋 8 双，当时男鞋销售成本 3 120 元，女鞋销售成本 2 280 元。预计退销售价款 11 440 元。开具增值税红字发票，网银支付退货款。(10 分)

⑲ 29 日，对企业资产进行减值测试，发现管理部门一项原值为 300 000 元的运输设备此时的预计可回收金额为 100 000 元，该设备 2023 年购入，摊销年限 5 年，已计提折旧 165 000 元。(5 分)

⑳ 31 日，到期偿还长期借款 2 000 000 元，长期借款的利率为 4.5%，分期付息、到期还本。(5 分)

㉑ 31 日，计提员工租房补贴，生产车间 5 600 元，供水和供电部门各分配 1 600 元，销售部门分配 3 200 元，管理部门分配 8 000 元。(5 分)

㉒ 31 日，计提固定资产折旧。(5 分)

㉓ 31 日，计提无形资产摊销。(5 分)

㉔ 31 日，计提本月工资，生产工人工资 73 200 元，供电部门和供水部门工资均为21 200元，管理人员工资 137 500 元，销售人员工资 78 600 元，研究部门工资 23 500 元，车间管理人员工资 8 500 元。(5 分)

㉕ 31 日，汇总本月领用材料：生产车间领用原材料，其中生产男鞋领用牛筋底 2 000 双，牛皮 1 200 张，珠光线 230 筒；生产女鞋领用牛筋底 3 000 双，牛皮 1 000 张，珠光线 360 筒。(5 分)

㉖ 采用交互分配法分配辅助费用。(保留两位小数，尾差计入销售部门)(10 分)

项目		供水车间	供电车间
		数量(立方米)	数量(千瓦·时)
待分配费用数量		6 430	32 430
交互分配	供水		2 600
	供电	420	
对外分配费用		6 010	29 830
对外分配	生产车间	5 860	29 270
	管理部门	88	370
	销售部门	62	190

㉗ 31 日，结转制造费用。(5 分)

㉘ 31 日，产品完工入库。(10 分)

㉙ 31 日，结转销售产品成本。(含委托代销商品)(5 分)

㉚ 31 日，结转未交增值税，计提附加税。(10 分)

㉛ 31 日，计提坏账准备。(5 分)

㉜ 31 日，结转损益。(10 分)

要求：根据上述资料(一)(二)，完成以下财务工作。

(1) 编制会计分录。(32 小题，共 200 分)

(2) 编制 2024 年 5 月 31 日资产负债表(表 4)。(需填列的报表项目，每空 2 分，共 48 分)

表 4　资产负债表(简表)

编制单位：湖南永乐鞋业有限公司　　2024 年 5 月 31 日　　单位：元

资　产	期末余额	上年末余额(略)	负债及所有者权益(或股东权益)	期末余额	上年末余(略)
流动资产：			流动负债：		
货币资金	①		应付账款	⑬	
交易性金融资产	②		合同负债	⑭	
应收账款	③		应付职工薪酬	⑮	

续表

资　产	期末余额	上年末余额(略)	负债及所有者权益(或股东权益)	期末余额	上年末余(略)
其他应收款	④		应交税费	⑯	
存货	⑤		其他应付款	⑰	
其他流动资产			一年内到期的非流动负债		
一年内到期的非流动资产	⑥				
流动资产合计	⑦		流动负债合计	⑱	
非流动资产：			非流动负债：		
长期股权投资	⑧		预计负债	⑲	
固定资产	⑨		非流动负债合计	⑳	
在建工程	⑩		负债合计	㉑	
			所有者权益：		
			实收资本	30 000 000	
			资本公积		
			盈余公积	325 750	
			未分配利润	㉒	
非流动资产合计	⑪		所有者权益合计	㉓	
资产总计	⑫		负债和所有者权益总计	㉔	

姓名：________ 班级：________ 学号：________

密 封 线 内 不 要 答 题

普通高等学校对口招生考试模拟(九)

财会类专业综合知识试题

本试题卷共四大题，43 小题。时量 150 分钟，满分 390 分

一、单选题(本大题共 20 小题，每小题 2 分，共 40 分。在每小题给出的四个选项中，只有一项是符合题目要求的)

1. 同一企业不同时期发生的相同或相似的交易或事项，应当采用一致的会计政策，不得随意变更。这反映的会计信息质量要求是(　　)。

A. 可理解性　　B. 实质重于形式

C. 可靠性　　D. 可比性

2. 下列体现会计人员遵守“坚持准则”职业道德的是(　　)。

A. 每一位会计工作者都应当热爱会计工作岗位

B. 会计人员不做假账

C. 积极向单位领导提出合理化建议

D. 会计人员公私分明、不贪不占

3. 下列应记入“其他应收款”账户的是(　　)。

A. 应收的货款　　B. 支付购买货物的定金

C. 支付租入包装物的押金　　D. 应收借款利息

4. “其他综合收益”是(　　)。

A. 资产类　　B. 负债类

C. 损益类　　D. 所有者权益类

5. 爱华公司是一家小规模纳税人，2024 年 10 月购入一台需要安装的设备，发生增值税进项税额 10 000 元。下列关于增值税的会计处理正确的是(　　)。

A. 借记“在建工程”账户　　B. 借记“固定资产”账户

C. 借记“管理费用”账户　　D. 借记“应交税费”账户

6. 企业以银行存款偿还前欠的货款，该项业务的下列说法中，正确的是(　　)。

A. 导致负债内部增减变动，总额不变

B. 导致资产、负债同时减少

C. 导致资产、负债同时增加

D. 导致所有者权益减少，负债减少

7. 权益法下，长期股权投资的初始投资成本小于投资时应享有被投资单位可辨认净资产公允价值份额的，应将其差额记入(　　)。

A. 长期股权投资—其他权益变动

B. 长期股权投资—损益调整

C. 不调整长期股权投资的初始投资成本

D. 营业外收入

8. 其他单位因特殊原因需要使用原始凭证时，经下列哪项人员批准后，可以复制？(　　)

A. 股东　　B. 单位负责人和会计主管人员

C. 会计主管人员　　D. 单位负责人

9. 在计划成本法下，采购材料时，无论是否验收入库，应先计入(　　)。

A. 在途物资　　B. 原材料

C. 应付票据　　D. 材料采购

10. 下列不是永续盘存制的优点的是(　　)。

A. 简化了财产物资明细账的核算工作

B. 随时掌握财产物资的增减及结存情况

C. 确保财产物资的安全

D. 有利于加强对财产物资的管理

11. 票据到期未收回款项时，应将其转入(　　)。

A. 应付账款　　B. 应收账款　　C. 应付票据　　D. 其他应收款

12. 芊泽公司 2022 年 4 月购买一台电子设备，成本 6 000 元，使用年限 5 年，采用年数总和法计提折旧，则 2024 年 3 月份的折旧额为(　　)。

A. 166.67 元　　B. 133.33 元　　C. 100 元　　D. 66.67 元

13. 下列经济业务中，按照权责发生制应计入当期收入的是(　　)。

A. 本月收到甲企业预付下月的货款

B. 本月收回上月支付给丙公司的押金

C. 本月销售丙公司商品一批，款项已收

D. 本月收到甲公司去年欠的货款

14. 芊泽公司为增值税一般纳税人，当月购入材料 100 吨，运输途中合理损耗 2 吨，验收入库 98 吨；增值税专用发票上注明价款为 80 万元，增值税为 10.4 万元，支付保险费 5 万元，入库前的挑选整理费用为 1 万元。不考虑其他因素，该批原材料实际成本每吨是(　　)。

A. 0.88 万元　　B. 0.86 万元　　C. 0.85 万元　　D. 0.98 万元

15. 2023 年 1 月 1 日，甲公司所有者权益各项目金额如下：实收资本 1 000 000 元，资本公积 230 000 元，盈余公积 340 000 元，未分配利润 110 000 元。该公司 2013 年 12 月 31 日发生净利润 100 000 元，除按百分之十提取法定盈余公积外，其余不再进行分配。2023 年 12 月 31 日利润分配余额为(　　)。

A. 1 230 000 元　　B. 200 000 元　　C. 550 000 元　　D. 330 000 元

16. 票据的出票日期为 2024 年 1 月 12 日，正确的填写方式是(　　)。

A. 贰零贰肆年壹月拾贰日　　B. 贰零贰肆年零壹月拾贰日

C. 贰零贰肆年零壹月壹拾贰日　　D. 贰零贰肆年零壹月壹拾贰日

17. 计提交易性金融资产公允价值上涨时，应贷记的科目是(　　)。

A. 交易性金融资产　　B. 其他综合收益

C. 投资收益　　D. 公允价值变动损益

18. 下列属于流动资产的是(　　)。

A. 预收账款　　B. 合同资产

C. 长期股权投资　　D. 合同负债

19. 下列属于利润表项目的是(　　)。

A. 销售商品、提供劳务收到的现金　　B. 所得税费用

C. 其他综合收益　　D. 长期待摊费用

20. 应永久性保管的会计档案是(　　)。

A. 会计凭证　　B. 年度财务会计报告

C. 银行对账单　　D. 会计档案移交清册

二、多选题(本大题共 20 小题，每小题 3 分，共 60 分。在每小题给出的四个选项中，有两项或两项以上是符合题目要求的。多选、少选均不给分)

21. 下列各项中，属于会计核算方法的有(　　)。

A. 设置账户　　B. 复式记账

C. 收付实现制　　D. 财产清查

22. 下列各项中，关于账簿登记说法正确的有(　　)。

A. 库存现金日记账、银行存款日记账要按经济业务的发生顺序随时逐笔登记

B. 账簿中的文字、数字不能写满格，一般占格距的 2/3

C. 使用钢笔或圆珠笔登账，不得使用铅笔登账

D. 不慎跳行、隔页，直接将空行划线注销

23. 下列各项中，关于资产减值分录正确的是(　　)。

A. 借：信用减值损失

　　贷：坏账准备

B. 借：资产减值损失

　　贷：固定资产减值准备

C. 借：资产减值损失

　　贷：债权投资减值准备

D. 借：资产减值损失

　　贷：无形资产减值准备

24. 通过试算平衡法，不能检查出来的错账问题有(　　)。

A. 重复记　　B. 漏记

C. 借贷方向记反　　D. 借方金额比贷方金额多记

25. 通过“其他货币资金”账户核算的有(　　)。

A. 企业为取得银行汇票按规定存入银行的款项

B. 企业为取得银行本票按规定存入银行的款项

C. 企业为购买股票、债券、基金等根据有关规定存入在证券公司指定银行开立的投资款专户的款项

D. 企业为了到外地进行临时或零星采购，汇往采购地银行开立采购专户的款项

26. 下列各项中，影响固定资产折旧的因素有(　　)。

A. 固定资产原值　　B. 折旧率

C. 预计净残值　　D. 使用年限

27. 2022 年 1 月 1 日，甲公司与乙公司签订合同，购买乙公司的一项非专利技术。合同约定，甲公司 2022 年至 2024 年每年年末支付 100 万元。当日该非专利技术的现销价格为 220 万元。甲公司的该项购买行为实质上具有重大融资性质。不考虑其他因素，下列各项关于甲公司该专利权会计处理的表述中，正确的有(　　)。

A. 该非专利技术的初始入账金额为 380 万元

B. 长期应付款的初始入账金额为 300 万元

C. 未确认融资费用的初始入账金额为 80 万元

D. 未确认融资费用在付款期内采用直线法进行摊销

28. 下列账户中，可能与“本年利润”账户发生对应关系的有(　　)。

A. 资本公积　　B. 其他业务成本

C. 其他业务收入　　D. 营业外收入

29. 甲企业销货给乙企业，收到一张不附追索权、三个月到期、面值为 68 800 元的商业承兑汇票，到期时，甲企业将商业承兑汇票贴现，年贴现率为 6%。下列各项中，正确的有(　　)。

A. 贴现月利息为 344 元　　B. 贴现利息记入“财务费用”

C. 贴现利息为 1 032 元　　D. 贴现净额为 67 765 元

30. 下列项目中，需要通过“待处理财产损溢”账户核算的有(　　)。

A. 原材料盘盈　　B. 固定资产处置

C. 库存现金盘亏　　D. 无形资产报废

31. 下列项目中，在“税金及附加”科目核算的是(　　)。

A. 消费税　　B. 进口关税

C. 印花税　　D. 城市维护建设税

32. 构成经营活动产生的现金流量的有(　　)。

A. 销售商品、提供劳务收到的现金

B. 收到的税费返还

C. 收回投资所收到的现金

D. 支付给职工以及为职工支付的现金

33. 下列各项中，关于会计账簿说法正确的有(　　)。

A. 总账一般采用三栏式账页格式，设置借方、贷方和余额三个基本金额栏目

B. 库存现金日记账一般采用三栏式、活页式的账页

C. 原材料明细账采用数量金额式

D. 固定资产明细账采用卡片式

34. 下列各项中，属于账账核对的有(　　)。

A. 核对总账各账户的本期借方发生额合计数与本期贷方发生额合计数是否相等

B. 核对总账各账户的借方本期发生额与所属明细账的借方发生额合计数是否相等

C. 核对账簿记录与记账凭证的金额、内容等是否一致

D. 核对财务资产明细账与财产物资保管部门有关财产物资明细账余额是否一致

35. 天话公司 2024 年年底，相关的损益类账户信息如下：主营业务收入贷方发生额

2 580 000 元，主营业务成本借方发生额 1 790 000 元，其他业务收入 150 000 元，其他业务成本借方发生额 100 000 元，投资收益贷方发生额 45 000 元，资产减值损失 50 000 元，营业外收入贷方发生额 200 000 元，所得税税率为 25%。假设不需要进行纳税调整，下列说法中，正确的有(　　)。

A. 2024 年 12 月 31 日，营业收入为 790 000 元

B. 2024 年 12 月 31 日，营业利润为 835 000 元

C. 2024 年 12 月 31 日，所得税费用为 208 750 元

D. 2024 年 12 月 31 日，净利润为 626 250 元

36. 下列各项中，应计入其他应收款的有(　　)。

A. 存入保证金

B. 企业的汽车因遭受意外损失应向保险公司收取的赔款

C. 为职工垫付的水电费

D. 备用金

37. 关于账务处理程序，下列表述正确的有(　　)。

A. 记账凭证账务处理程序的主要特点是直接根据记账凭证逐笔登记总账

B. 记账凭证账务处理程序的优点是简单明了、易于理解

C. 科目汇总表账务处理程序的主要特点是先根据原始凭证定期编制科目汇总表，再根据科目汇总表登记总账

D. 科目汇总表账务处理程序的优点是能反映账户间的对应关系，便于查对账目

38. 满足(　　)时，应将其划分为在某一时段内履行的履约义务。

A. 客户在企业履约的同时即取得并消耗企业履约所带来的经济利益

B. 客户能够控制企业履约过程中在建的商品

C. 企业履约过程中所产出的商品具有不可替代用途，且该企业在整个合同期间内有权就累计至今已完成的履约部分收取款项

D. 企业已将该商品的法定所有权转移给客户，即客户已拥有该商品的法定所有权

39. 下列各项交易中，应确认投资收益的有(　　)。

A. 取得交易性金融资产时发生的交易费用

B. 交易性金融资产发生公允价值变动时

C. 债权投资发生减值时

D. 债权投资处置时实际收到价款与其账面价值的差额

40. 下列各项中，应交消费税的有(　　)。

A. 小汽车　　B. 电池　　C. 普通手表　　D. 汽油

三、案例计算及解析题(本大题共 2 小题，41 小题 30 分，42 小题 20 分，共 50 分)

41. 2024 年年初，鑫盛股份有限公司购入南化公司的股票 10 000 股，取得其 25% 的股权，鑫盛股份有限公司能够对南化公司的财务和经营政策产生重大影响，两公司之间无关联关系。支付价款 200 000 元，另支付相关手续费 10 000 元。当日，南化公司可辨认资产的账面价值为 1 000 000 元，各项可辨认资产、负债的公允价值均与其账面价值相同。

2024 年 1 月 1 日至 12 月 31 日，南化公司实现净利润 600 000 元，其所持以公允价值计量且其变动计入其他综合收益的金融资产的公允价值增加 50 000 元，该投资能重分类计入损益。

2025 年年初，鑫盛股份有限公司将所持的南化公司 25% 的股份全部出售，取得价款 498 000元，并以银行存款支付相关手续费 8 000 元。本题不考虑相关税费及其他因素。

要求：

(1) 判断上述长期股权投资的后续计量应采用权益法还是成本法，请说明理由。(7 分)

(2) 计算鑫盛股份有限公司 2024 年年初取得南化公司 25%股权时，长期股权投资的初始投资成本，并编制相关会计分录。(7 分)

(3) 计算鑫盛股份有限公司 2024 年度对南化公司股权投资应确认投资收益和其他综合收益的金额，并编制相关会计分录。(8 分)

(4) 计算鑫盛股份有限公司出售南化公司股份应确认投资收益的金额，并编制相关会计分录。(8 分)

42. 2024 年 1 月 1 日，某企业开始自行建造一栋办公楼，购入工程用材料一批，买价 300 000元，增值税专用发票上注明的增值税进项税额 39 000 元，全部用于工程建设。领用本企业生产的河沙一批，实际成本为 100 000 元，税务部门确定的计税价格为 110 000 元，增值税税率为 13%，支付工程人员工资 150 000 元，支付的其他费用 50 000 元，2024 年 12 月 5 日，该工程完工并达到预定可使用状态。该办公楼预计使用年限为 50 年，预计净残值为 50 000元，采用年限平均法计提折旧。

要求：

(1) 请编制购入工程材料相关的会计分录。(3 分)

(2)请说明领用工程材料及河沙时，相关增值税应如何处理，并编制该企业相关的会计分录。(6 分)

(3) 请计算出该办公楼的入账价值并编制相关会计分录。(5 分)

(4) 请计算出该办公楼 2024 年的折旧额，并编制相关的会计分录。(6 分)

四、实务综合题(本大题共 240 分，其中编制会计分录 190 分，编制资产负债表 50 分。“应收账款”“应交税费”“应付职工薪酬”“生产成本”应写明细科目，“生产成本”“应交增值税”应写明细项目，未写的每处扣 1 分。报表只要求填写期末余额)

43. 湖南润泽有限公司为增值税一般纳税人，主要从事甲、乙两种产品的生产制造及销售。适用企业所得税税率 25%、适用增值税税率 13%、城市维护建设税税率 7%、教育费附加税率 3%、地方教育附加税率 2%。

原材料、周转材料采用月末一次加权平均法核算，库存商品的发出采用先进先出法核算。采用品种法计算产品成本，成本项目为直接材料、直接人工和制造费用。本月发生的直接材料按本月投产的产量在各种产品之间进行分配，本月发生的直接人工、制造费用及其他间接费用按实际生产工时在各种产品之间进行分配。注：分配率、单位成本和加权平均单价保留四位小数，金额保留两位小数。

资料(一)

公司 2024 年 10 月 1 日科目余额表见表 1。

表 1　科目余额表

2024 年 10 月 1 日　　　　单位：元

总账科目	明细科目	计量单位	数量	借方金额	贷方金额
库存现金				36 000	
银行存款				213 345	
其他货币资金	存出投资款			268 500	
应收票据	长阳有限公司			110 000	
应收账款	风林有限公司			230 000	
	茂陵有限公司			126 000	
预付账款	三重有限公司			105 100	
	城西电力有限公司			126 400	
其他应收款	张照(垫付水电费)			2 800	
坏账准备	应收账款				35 000
	其他应收款				2 600
原材料	A 型材料	千克	5 600	67 200	
	B 型材料	千克	12 000	300 000	
库存商品	甲产品	件	3 000	568 840	
	乙产品	件	3 500	820 000	
周转材料	包装物(包装箱)	个	180	14 400	
固定资产				4 455 750	

续表

总账科目	明细科目	计量单位	数量	借方金额	贷方金额
累计折旧					1 536 725
在建工程	建筑工程(房屋在建工程)			1 650 000	
应付账款	鑫业有限公司				145 000
应交税费					
	未交增值税				150 000
	城市维护建设税				10 500
	教育费附加				4 500
	地方教育附加				3 000
股本	胜利股份有限公司				5 000 000
	李丽丽(股东)				1 000 000
资本公积	股本溢价				200 000
盈余公积	法定盈余公积				300 000
	任意盈余公积				80 900
本年利润					152 810
利润分配	未分配利润				500 000
生产成本	甲产品(直接材料)	件	100	22 900	
	甲产品(直接人工)	件	100	1 500	
	甲产品(制造费用)	件	100	2 300	
合计				9 121 035	9 121 035

资料(二)

2024 年 10 月，公司发生如下经济业务：

① 1 日，签发现金支票一张，从湖南银行提取现金 2 000 元备用。(5 分)

② 2 日，销售给风林有限公司甲产品 1 000 件，不含税销售单价 630 元/件，开出了增值税专用发票，款项尚未收到。(5 分)

③ 3 日，采购员张蕾到上海出差，预借差旅费 2 000 元，以现金付讫。(5 分)

④ 5 日，购买 30 000 千克 A 型材料，不含税单价 12 元/千克，收到三洋有限公司开来的增值税专用发票，材料已验收入库，材料款未支付。对方代垫运费 1 750 元，取得一张增值税普通发票。(6 分)

⑤ 6 日，采购员张蕾出差回来报销差旅费，其中注明旅客信息的火车票 2 张，共计 700 元；住宿票(增值税专用发票)1 张，注明价款 450 元，增值税 27 元；餐饮票(增值税普通发票)1 张，

注明价款 400 元，增值税 12 元；伙食补贴 200 元。差旅费余款交回现金。(6 分)

⑥ 7 日，向湖南银行借入一笔 200 000 元、期限为 3 个月的借款，年利率为 3.8%，分期付息，到期一次还本。借款已到银行账户。(5 分)

⑦ 9 日，开出转账支票向市养老院捐赠 20 000 元。(5 分)

⑧ 10 日，从鑫业有限公司购入 2 500 千克 B 型材料，不含税单价 25 元/千克，收到增值税专用发票，材料已验收入库；交给鑫业有限公司金额为 70 625 元的转账支票 1 张；用现金支付装卸费 980 元。(6 分)

⑨ 11 日，行政管理部门发生业务招待费，收到增值税电子普通发票 1 张，注明价款 650 元，增值税 39 元，以现金付讫。(5 分)

⑩ 12 日，收到风术广告策划有限公司开来的增值税专用发票，注明价款 6 320.75 元，增值税 379.25 元。开出转账支票支付广告费。(5 分)

⑪ 13 日，销售给风林有限公司甲产品 500 件，不含税售价总额为 142 210 元，并开出增值税专用发票，货已发出。用网上银行支付代垫运费 2 200 元。(6 分)

⑫ 15 日，销售给茂陵有限公司 A 型材料 2 000 千克，每千克不含税售价为 15 元，开出增值税专用发票，货已发出，货款已通过网上银行收到。(6 分)

⑬ 16 日，以赚取差价为目的，从上海证券交易所购入卡其上市公司股票 100 000 股，支付价款 250 000 元(其中包含已宣告但尚未发放的现金股利 60 000 元)，另外支付相关交易费用 18 500 元，不考虑相关税费。(6 分)

⑭ 18 日，收到风林有限公司交来的银行承兑汇票 1 张，金额为 230 000 元，付讫上月未付的货款。(5 分)

⑮ 20 日，支付市场营销部门员工的培训费 1 200 元，以现金付讫，收到收据 1 张。同时用现金支付培训老师差旅费，注明旅客身份信息的飞机票 600 元，网约车电子普通发票价款 80 元，增值税 7.2 元。(5 分)

⑯ 支付上月未交增值税、城市维护建设税、教育费附加、地方教育附加。(5 分)

⑰ 据统计，15 日，生产甲产品领用 A 型材料 20 000 千克，领用 B 型材料 6 000 千克；生产乙产品领用 A 型材料 5 000 千克。25 日，生产甲产品领用 A 型材料 8 000 千克，领用 B 型材料 3 000 千克；生产乙产品领用 A 型材料 7 000 千克。乙产品领用包装物 180 个。(10 分)

⑱ 31 日，职工薪酬费用分配表见表 2。(8 分)

表 2　职工薪酬费用分配表　　单位：元

部门	明细科目	工时(小时)	薪酬费用
生产车间	甲产品	1 000	57 480
	乙产品	600	
生产管理部门	职工薪酬	—	14 600
行政管理部门	职工薪酬	—	12 600
销售部门	职工薪酬	—	23 000
合计			107 680

⑲ 31 日，计提固定资产折旧，固定资产折旧分配表见表 3。(5 分)

表 3　固定资产折旧分配表　　单位：元

部门	月折旧额
生产车间	10 592
行政管理部门	4 360
销售部门	5 870
合计	20 822

⑳ 31 日，分配结转制造费用。两种产品共同耗用的制造费用按生产工时进行分配。(8 分)

㉑ 31 日，结转已完工产品成本，采用约当产量法计算月末在产品成本。材料陆续投入，各工序内部完工程度约为 50%。截至月底，甲产品完工数量为 4 000 件，未完工数量为 200 件；乙产品已全部完工，数量为 1 000 件。详见表 4~表 6。(填表 23 分，分录 5 分，共 28 分)

表 4　甲产品在产品约当产量计算表　　单位：件

工序	月末在产品数量	完工程度	月末在产品约当产量
1	150		
2	50		
合计	200		

表 5　甲产品成本计算表　　单位：元

成本	直接材料	直接人工	制造费用	合计
期初生产成本				
本月发生成本				
生产成本合计				
完工产品成本				
期末在产品成本				
单位成本				

注：尾差计入在产品。

表 6　乙产品成本计算表　　单位：元

成本	直接材料	直接人工	制造费用	合计
期初生产成本				
本月发生成本				
生产成本合计				
完工产品成本				
单位成本				

续表

㉒ 31 日，向幕阳公司销售甲产品 100 件，不含税售价 28 500 元，款项尚未收到。用现金代垫运费 400 元及增值税 3 705 元。(5 分)

㉓ 31 日，结转已销产品成本及 A 型材料成本。(计算 4 分，分录 5 分，共 9 分)

㉔ 31 日，计算结转本月应交增值税。(5 分)

㉕ 31 日，计提本月城市维护建设税、教育费附加和地方教育附加。(5 分)

㉖ 31 日，按应收账款余额百分比法计提坏账准备，提取率为 1%。(只对应收账款计提坏账准备)(5 分)

㉗ 31 日，期末将各项收益及各项成本费用结转至“本年利润”账户。(6 分)

㉘ 31 日，假定无相关税务调整，请计算企业所得税并做出相关的账务处理。(计算 2 分，分录 3 分，共 5 分)

㉙ 31 日，结转“本年利润”账户余额到“利润分配”账户。(5 分)

要求：根据上述资料(一)(二)，完成以下财务工作。

(1) 编制会计分录。(29 小题，共 190 分)

(2) 编制 2024 年 10 月末资产负债表。(需填列的报表项目，每空 2 分，共 50 分)

表 7　资产负债表(简表)　　会企 01 表

编制单位：　　年　月　日　　单位：元

资产	期末余额	负债和所有者权益	期末余额
流动资产：		流动负债：	
货币资金	①	应付账款	⑭
交易性金融资产	②	应付职工薪酬	⑮
应收票据	③	应交税费	⑯
应收账款	④	短期借款	⑰
预付账款	⑤	流动负债合计	⑱
应收股利	⑥		
其他应收款	⑦		
存货	⑧		
流动资产合计	⑨	负债合计	⑲
非流动资产：		所有者权益：	

续表

资产	期末余额	负债和所有者权益	期末余额
固定资产	⑩	实收资本	⑳
在建工程	⑪	资本公积	㉑
		盈余公积	㉒
		未分配利润	㉓
		所有者权益合计	㉔
非流动资产合计	⑫		
资产合计	⑬	负债和所有权益合计	㉕

姓名：＿＿＿＿＿＿ 班级：＿＿＿＿＿＿ 学号：＿＿＿＿＿＿

密 封 线 内 不 要 答 题

普通高等学校对口招生考试模拟(十)

财会类专业综合知识试题

本试题卷共四大题，43 小题。时量 150 分钟，满分 390 分

一、单选题(本大题共 20 小题，每小题 2 分，共 40 分。在每小题给出的四个选项中，只有一项是符合题目要求的)

1. 下列属于廉洁自律会计职业道德的是(　　)。

A. 做老实人，说老实话，办老实事　　B. 安心工作，任劳任怨

C. 公私分明，不贪不占　　D. 依法办事

2. 下列不属于会计职能的是(　　)。

A. 记账、算账、报账

B. 对特定主体经济活动的合法性、合理性进行审查

C. 参与经济决策

D. 分析方法

3. 下列不属于会计工作岗位的是(　　)。

A. 稽核　　B. 出纳

C. 药房收费员　　D. 会计机构内会计档案管理

4. 下列不属于自制原始凭证的是(　　)。

A. 收料单　　B. 借款单　　C. 火车票　　D. 差旅费报销单

5. 下列属于流动负债的是(　　)。

A. 预收账款　　B. 合同资产　　C. 应付债券　　D. 长期应付款

6. 下列经济业务中，会引起资产和负债同时减少的是(　　)。

A. 收到银行借款存入银行

B. 收到投资者投入的作为出资的固定资产

C. 用银行存款支付借款利息

D. 为职工代垫水电费

7. 如果企业预收款的情况较少时，可以用下列哪个账户替代？(　　)

A. 预付账款　　B. 应收票据　　C. 应收账款　　D. 应付账款

8. 会计核算的基本前提是(　　)。

A. 会计目标　　B. 会计监督

C. 编制和审核会计凭证　　D. 会计假设

9. 公允价值变动损益属于会计科目中的(　　)。

A. 资产类　　B. 负债类

C. 所有者权益类　　D. 损益类

10. 某企业为增值税一般纳税人，当月购入材料 500 千克，每千克不含税价格为 70 元，运输途中发生合理损耗 10 千克，入库前发生挑选整理费用 1 000 元。不考虑其他因素，该批材料的单位成本为(　　)。

A. 72 元/千克　　B. 73. 47 元/千克　　C. 70 元/千克　　D. 71. 43 元/千克

11. 志成律师事务所本月与客户签订为期一年的相关法律咨询服务合同，并已预收全部咨询服务费，该合同于下月开始执行。该事务所预收法律咨询服务费应记入的会计科目是(　　)。

A. 合同取得成本　　B. 合同负债

C. 主营业务成本　　D. 主营业务收入

12. 华生企业对生产设备进行改良，发生资本化支出共计 55 万元，被替换旧部件的账面价值为 15 万元，该设备原价为 650 万元，已计提折旧 400 万元。不考虑其他因素，该设备改良后的入账价值为(　　)。

A. 245 万元　　B. 290 万元　　C. 305 万元　　D. 190 万元

13. 某企业 2024 年自主研发一项专利权，研究阶段发生支出 150 000 元，开发阶段发生资本化支出 200 000 元，提取开发人员薪酬 250 000 元，年底，该专利权开发完成。下列账务处理正确的是(　　)。

A. 借：研发支出—资本化支出　　150 000

　　贷：银行存款　　150 000

B. 借：研发支出—费用化支出　　200 000

　　贷：银行存款　　200 000

C. 借：研发支出—资本化支出　　250 000

　　贷：应付职工薪酬　　250 000

D. 借：无形资产　　600 000

　　贷：研发支出—资本化支出　　600 000

14. 下列各项中，应计入长期待摊费用的是(　　)。

A. 存出投资款

B. 以融资租入方式购入的固定资产每年应付的融资款

C. 存入保证金

D. 以租赁方式租入的使用权资产发生的改良支出

15. 债权投资后续计量应采用(　　)。

A. 权益法　　B. 公允价值法　　C. 实际利率法　　D. 成本法

16. 往来款清查应采用(　　)。

A. 实地盘点法　　B. 技术推算法　　C. 函证法　　D. 永续盘存制

17. 适用于价值较低、易损坏的周转材料的摊销方法的是(　　)。

A. 五五摊销法　　B. 分期摊销法　　C. 分次摊销法　　D. 一次摊销法

18. 甲企业为增值税一般纳税人，委托乙企业加工一批应交消费税的 A 材料，发出原材料的成本为 10 000 元，加工费为 8 000 元，取得的增值税专用发票上注明的增值税为 1 040 元，发票已通过税务机关认证。由乙企业代收代缴的消费税为 3 000 元。甲企业收回 A 材料直接用于销售。不考虑其他因素，甲企业收回委托加工 A 材料的成本为(　　)元。

A. 18 000　　B. 21 000　　C. 22 040　　D. 10 000

19. 处置交易性金融资产时，取得的价款大于其账面价值的差额应计入(　　)。

A. 公允价值变动损益　　B. 利润分配

C. 投资收益　　D. 投资损失

20. 记账后，发现记账凭证中的应借应贷会计科目有错误，引起记账错误，应采用下列哪种更正方法？(　　)

A. 补充登记法　　B. 平行登记法　　C. 红字更正法　　D. 划线更正法

二、多选题(本大题共 20 小题，每小题 3 分，共 60 分。在每小题给出的四个选项中，有两项或两项以上是符合题目要求的。多选、少选不给分)

21. 出售固定资产可能涉及的科目有(　　)。

A. 固定资产清理　　B. 资产减值损失

C. 营业外收入　　D. 资产处置损益

22. 下列各项中，属于所有者权益的有(　　)。

A. 盈余公积　　B. 利润分配　　C. 营业外收入　　D. 留存收益

23. 下列选项中，应计入主营业务收入的有(　　)。

A. 房地产开发企业销售商品房收入　　B. 服装厂出售布料收入

C. 电商公司出租房屋收入　　D. 金融企业的贷款利息收入

24. 下列应计入管理费用的有(　　)。

A. 工会经费　　B. 诉讼费　　C. 业务招待费　　D. 展览费

25. 下列各项中，属于财务会计报告的是(　　)。

A. 资产负债表　　B. 利润表

C. 所有者权益变动表　　D. 附注

26. 借贷记账法中的“借”是表示(　　)。

A. 债务的增加　　B. 资产的增加和所有者权益的减少

C. 费用的增加　　D. 收入的减少

27. 下列需要进行全面清查的有(　　)。

A. 年终决算前　　B. 发生自然灾害

C. 单位主要领导调离工作前　　D. 出纳离职时

28. 下列各项中，构成会计法律制度的有(　　)。

A. 宪法　　B. 会计法律　　C. 会计行政法规　　D. 会计规章

29. 下列各项中，属于期间费用的有(　　)。

A. 业务招待费　　B. 采购人员的差旅费

C. 生产车间固定资产的折旧费　　D. 开办费

30. 下列各项中，属于会计核算方法的有(　　)。

A. 财产清查　　B. 预测与分析财务状况

C. 成本核算　　D. 登记账簿

31. 下列各项中，关于会计凭证的传递与保管说法正确的有(　　)。

A. 会计凭证的传递必须及时，不得积压

B. 某些原始凭证过多的，仍应放在其记账凭证后，不得另行装订

C. 会计凭证任何情形都不得外借，已装订成册的不得抽出

D. 会计凭证要按照有关会计法规、制度规定的期限进行保管

32. 下列各项中，属于纳税申报方式的有(　　)。

A. 自行申报　　B. 邮寄申报　　C. 数据电文申报　　D. 简易申报

33. 下列各项中，应确认为营业收入的有(　　)。

A. 服装厂收到一批捐赠的固定资产　　B. 房地产开发企业出租商品房

C. 金融银行收到贷款利息　　D. 酒店提供客房保洁服务

34. 下列各项中，属于盈余公积用途的有(　　)。

A. 弥补亏损　　B. 转增资本　　C. 发放现金股利　　D. 扩大生产经营

35. 下列选项中，会引起负债内部一增一减的有(　　)。

A. 到期的银行承兑汇票无力偿还

B. 从银行借款偿还原欠货款

C. 收到企业所有者投入的原材料一批

D. 经与银行协商，将 3 个月的贷款延长至 2 年

36. 下列各项中，属于职工薪酬范围的有(　　)。

A. 辞退职工支付的经济补偿　　B. 支付养老保险

C. 发放非货币性物资　　D. 工会经费

37. 下列各项中，不属于成本类账户的是(　　)。

A. 主营业务成本　　B. 制造费用　　C. 生产成本　　D. 研发费用

38. “其他货币资金”账户核算的内容有(　　)。

A. 银行汇票存款　　B. 银行本票存款　　C. 存出投资款　　D. 商业汇票存款

39. 下列关于会计凭证的表述，正确的有(　　)。

A. 记账凭证按填制方式的不同分为专用记账凭证和通用记账凭证

B. 原始凭证是在经济业务发生或完成时取得的

C. 原始凭证按格式不同分类为通用凭证和专用凭证

D. 原始凭证金额有错误的，应当由出具单位更正并盖章

40. 下列各项中，属于账实核对的有(　　)。

A. 分类账簿与序时账簿之间的核对

B. 库存现金日记账账面余额与库存现金实际库存数之间的核对

C. 各项财产物资明细账账面余额与财产物资的实有数之间的核对

D. 总分类账簿之间的核对

三、案例计算及解析题(本大题共 2 小题，每小题 30 分，共 60 分)

41. 2024 年 1 月 1 日，甲公司从二级市场上购入乙公司于当日公开发行的债券 1 000 张，每张面值 100 元，总面值 100 000 元，其票面年利率为 6%，市场年利率等于票面年利率，每年支付利息，到期还本。购入时每张支付款项 100 元，共支付 100 000 元，另支付相关费用 7 800元，上述款项均以银行存款支付。甲公司将其划分为交易性金融资产。假定不考虑相关税费及其他因素。

① 2024 年 6 月 30 日，债券的公允价值为 120 000 元。
② 2024 年 12 月 31 日，债券的公允价值为 115 000 元，并计提相关利息。
③ 2025 年 1 月 5 日，收到 2024 年的利息收入。
④ 2025 年 1 月 10 日，将上述金融资产进行出售，售价 100 000 元。

要求：

(1) 请计算交易性金融资产的入账金额，并做出相关账务处理。(6 分)

(2) 请计算 2024 年 6 月 30 日的公允价值变动额，并做出相关账务处理。(6 分)

(3) 请计算 2024 年一年的利息收入，并做出相关账务处理。(4 分)

(4) 请计算 2024 年 12 月 31 日的公允价值变动额，并做出相关账务处理。(6 分)

(5) 请做出收到利息收入和出售交易性金融资产的相关账务处理。(8 分)

42. 某公司为增值税一般纳税人，主要从事汽车及零配件等的销售。适用的增值税税率为 13%，2024 年 11 月 30 日，该公司组织财产清查时，发现以下问题：

情况 1：库存现金盘点时发现现金短缺 800 元。

情况 2：汽车零部件盘亏 10 000 元。

情况 3：银行存款日记账的余额 180 328 元与银行对账单的余额 167 606 元不一致。

针对以上三点问题，该公司财务人员将上述问题进行了相关账务处理，如下：

情况 1. 借：库存现金　800
　　贷：待处理财产损溢　800

情况 2. 借：以前年度损益调整　10 000
　　贷：原材料　10 000

情况 3. 借：银行存款　12 722
　　贷：待处理财产损溢　12 722

要求：

(1) 假设上述账务处理已登记入账，请判断财务人员针对上述问题进行的账务处理是否正确，若不正确，请对上述账务处理进行更正。(9 分)

(2) 经核实，现金盘亏是出纳原因造成的丢失，请做出相关的账务处理。(3 分)

(3) 经核实，零件盘亏是计量有误造成的，请做出相关的账务处理。(4 分)

(4) 经核实，造成银行存款日记账的余额与银行对账单的余额不一致的原因是存在未达账项。请根据下列未达账项的类型编制银行存款余额调节表。(14 分)

11 月 3 日，公司开出一张金额为 20 866 元的转账支票，用以支付供货方货款，但供货方尚未持票到银行兑现。

11 月 10 日，公司收到一张转账支票，金额为 36 800 元，已存银行，银行尚未入账。

11 月 23 日，公司委托银行代收款项 20 000 元，银行已入账，公司尚未收到银行通知。

11 月 25 日，开户行代付水电费 16 788 元，公司尚未入账。

银行存款余额调节表

单位：元

项目	金额	项目	金额
银行存款日记账余额	(1 分)	银行对账单余额	(1 分)
(加)银行收款，企业未收款	(2 分)	(加)企业收款，银行未收款	(2 分)
(减)企业付款，银行未付款	(2 分)	(减)企业付款，银行未付款	(2 分)
调节后余额	(2 分)	调节后余额	(2 分)

四、实务综合题(本大题共 230 分，其中编制会计分录 185 分，编制资产负债表 45 分。“原材料”“库存商品”“应收票据”“应收账款”“应交税费”“预付账款”“合同负债”“应付职工薪酬”“生产成本”应写明细科目，“生产成本”“应交增值税”应写明细项目，未写的每处扣 1 分。报表只要求填写期末余额)

43. 湖南纺织有限公司为增值税一般纳税人，主要从事衣料、床上用品两种产品的生产制造及销售。适用的增值税税率为 13%，城市维护建设税税率为 7%，教育费附加税率 3%，地方教育附加税率 2%，企业所得税税率 25%。存货采用实际成本法核算。原材料和库存商品的发出均采用先进先出法核算，生产两种产品共同耗用的车间生产工人工资和水电费按实际生产工时进行分配，尾差计入床上用品四件套。

产品成本计算采用品种法，成本项目为直接材料、直接人工、制造费用，本月发生的直接人工、制造费用按实际生产工时在各种产品之间进行分配。月末在产品和完工产品之间费用的分配采用约当产量法，原材料在开始生产时一次投入，直接人工和制造费用陆续投入，月末在产品完工程度均为 50%。(注：分配率、单位成本和加权平均单价保留四位小数，金额保留两位小数)

资料(一)

2024 年 11 月有关资料见表 1～表 4。

表 1 期初余额表 单位：元

总账科目	明细科目	借方金额	贷方金额
库存现金		20 000	
银行存款		942 432	
应收票据	湖南飞跃	50 000	
应收账款		175 000	
	凡达服饰	35 000	
	依约商场	140 000	
坏账准备	应收账款		5 250
预付账款	丰圣棉花厂	20 000	
其他应收款		4 500	
	李丽(代垫医药费)	3 500	
	张乐(差旅费)	1 000	
原材料	详见材料明细表	159 870	
库存商品		194 000	
	床上用品四件套(数量 1 000 套)	156 000	
	枕芯(数量 760 个)	38 000	
生产成本	基本生产成本	17 147	
	床上用品四件套(直接材料)	3 291	

续表

总账科目	明细科目	借方金额	贷方金额
	床上用品四件套(直接人工)	13 000	
	床上用品四件套(制造费用)	856	
固定资产	详见固定资产明细表	2 690 000	
累计折旧			806 703. 33
短期借款			120 000
应付账款			361 814
	唐山化纤公司		238 266
	必佳乐公司		123 548
合同负债	一成公司		50 000
应付职工薪酬	工资		135 463. 69
应交税费			85 728. 16
	未交增值税		7 6543
	应交城市维护建设税		5 358. 01
	应交教育费附加		2 296. 29
	应交地方教育附加		1 530. 86
应付利息			600
实收资本			1 000 000
本年利润			325 907. 46
利润分配	未分配利润		1 381 482. 36
合计		4 272 949	4 272 949

表 2 期初原材料明细表

材料名称	计量单位	库存数量	金额(元)
棉花	吨	10	121 600
棉布	米	2 000	38 270
合计			159 870

表 3 衬衫、夹克衫产量资料表

产品名称	月初在产品	本月投产	本月完工产品	生产工时(小时)
床上用品四件套	120 套	1 220 套	1 340 套	65 879
枕芯	0	4 000 个	4 000 个	43 899

表 4 固定资产明细表

序号	部门	名称	原值(元)	开始使用日期	年限(年)
1	生产部门	厂房	1 000 000	2018 年 10 月	30
		机器	650 000	2018 年 12 月	10
2	销售部门	货车	120 000	2020 年 12 月	5
3	管理部门	办公楼	920 000	2018 年 12 月	50

注：固定资产折旧采用年限平均法，净残值率 2%。

资料(二)

2024 年 11 月，公司发生如下经济业务：

① 2 日，采购部经理张乐出差回来。报销 2 350 元，出纳以现金补付余款。(6 分)

② 3 日，收到职工李丽归还的医药费 3 500 元。(5 分)

③ 4 日，收到丰圣棉花厂发来的棉花 3 吨，取得的销售发票上注明金额 39 800 元，增值税 5 174 元，余款已通过银行账户支付。(6 分)

④ 5 日，从必佳乐公司购入棉布 3 000 米，取得的增值税专用发票上注明价款 58 500 元，增值税 7 605 元。开出一张银行承兑汇票以支付价税款。(6 分)

⑤ 6 日，从新疆棉业公司购入棉花 2 吨，取得的增值税专用发票上注明价款 37 200 元，增值税 3 720 元；取得的运输费增值税专用发票上注明运费 9 800 元，增值税 882 元。棉花未验收入库，所有款项通过网银支付。(6 分)

⑥ 7 日，向凡达服饰销售床上用品四件套 500 件，不含税单价 360 元，以银行存款代垫运费 5 000 元。销售价款给予 5%的商业折扣，价税款尚未收到，合同规定的现金折扣条件为 1/20、n/30，假定不考虑增值税的现金折扣。公司基于对凡达服饰的了解，预计其在 20 天内付款的概率为 95%，认为按照最可能发生金额能够更好地预测其有权获取的对价金额。(8 分)

⑦ 7 日，从怀化中捷印刷公司购入包装袋 5 000 个，取得的增值税专用发票上注明价款 3 500元，增值税 455 元。价税款尚未支付。(6 分)

⑧ 8 日，厂房生产枕芯领用棉花 1 吨，领用棉布 500 米；生产床上用品四件套领用棉布 1 500 米和包装袋 2 000 个。(6 分)

⑨ 10 日，以银行存款支付广告费，取得的增值税专用发票上注明价款 15 780 元，增值税 946. 8 元。(5 分)

⑩ 11 日，委托华南商贸公司销售床上用品四件套一批，已发出 200 套，双方协议含税销售单价为 360 元/套。(6 分)

⑪ 12 日，以银行存款缴纳上月税费。(5 分)

⑫ 13 日，通过银行转账发放上月工资 135 463. 69 元。(5 分)

⑬ 15 日，收到华南商贸公司开具的代销清单，已销售床上用品四件套 100 套，并开具了增值税专用发票给华南商贸公司。(6 分)

⑭ 16 日，收到华南商贸公司开具的手续费增值税专用发票及相关货款，发票上注明价款 4 320 元，增值税 561. 6 元。(6 分)

⑮ 20 日，厂房生产枕芯领用棉花 2 吨，领用棉布 1 000 米；生产床上用品四件套领用棉布 1 200 米，包装袋 3 000 个。(6 分)

⑯ 21 日，取得银行存款利息收入 10 122 元。(5 分)

⑰ 22 日，收到依约商场前欠货款。(5 分)

⑱ 25 日，分配本月工资 314 295 元。其中，厂房生产枕芯工人工资 52 000 元，厂房生产床上用品四件套工人工资 78 000 元，基本生产车间管理人员工资 20 000 元，管理部门人员工资 87 697 元，销售部门人员工资 76 598 元。按工资总额的 12%计提养老保险费。(10 分)

⑲ 25 日，将 60 套床上用品四件套用于发放职工福利，其中，生产枕芯工人 15 套、生产床上用品四件套工人 20 套、车间管理人员 5 套、行政管理人员 10 套、销售人员 10 套。假定计税价格按单价 360 元/套计算。(8 分)

⑳ 25 日，以银行存款缴纳厂房水电费。取得的水费增值税专用发票上注明价款 35 980 元，增值税 3 238. 2 元；取得的电费增值税专用发票上注明价款 56 980 元，增值税5 128. 2 元。以银行存款支付办公室水电费。取得水费增值税专用发票上注明价款 12 092 元，增值税 1 088元；取得的电费增值税专用发票上注明价款 25 879 元，增值税 2 329. 11 元。(8 分)

㉑ 27 日，收到客户的合同违约款 30 000 元。(5 分)

㉒ 30 日，计提本月固定资产折旧。(6 分)

㉓ 30 日，分配制造费用。(9 分)

㉔ 30 日，床上用品四件套完工入库 1 340 套；枕芯完工入库 4 000 个。计算该批入库的床上用品四件套和枕芯的单位成本。(10 分)

㉕ 30 日，结转销售产品成本。(6 分)

㉖ 30 日，计提坏账准备。采用应收账款余额百分比法，按 3%的比例计提。(5 分)

㉗ 30 日，计算应交增值税。(5 分)

㉘ 30 日，计算企业所得税。(5 分)

㉙ 30 日，结转本月各损益类账户。(5 分)

㉚ 30 日，结转本年利润账户。(5 分)

要求：根据上述资料(一)(二)，完成以下财务工作。

(1)编制会计分录。(共 30 小题，共 185 分)

(2)编制 2024 年 11 月 30 日利润表。(需填列的报表项目，每空 3 分，共 45 分)

表 5 利润表(简表)

编制单位： 年 月 单位：元

项目	本期金额
一、营业收入	①
减：营业成本	②
税金及附加	③
销售费用	④
管理费用	⑤
财务费用	⑥

续表

项目	本期金额
其中：利息费用	⑦
利息收入	⑧
信用减值损失	⑨
二、营业利润(损失以“-”填列)	⑩
加：营业外收入	⑪
减：营业外支出	⑫
三、利润总额(亏损总额以“-”填列)	⑬
减：所得税费用	⑭
四、净利润(净亏损以“-”填列)	⑮

湖南省2020年普通高等学校对口招生考试

财会类专业综合知识试题

本试题卷共四大题，43小题，时量150分钟，总分390分

一、单选题（本大题共20小题，每小题2分，共40分，在每小题给出的四个选项中，只有一项是符合题目要求的）

1.“端正态度，依法办事，实事求是，不偏不倚，保持独立性”体现的会计职业道德内容是(　　)。

A. 爱岗敬业　　B. 诚实守信

C. 廉洁自律　　D. 客观公正

2. 以下不属于流动资产的是(　　)。

A. 合同资产　　B. 交易性金融资产

C. 银行冻结存款　　D. 持有待售资产

3. 对国家需要重点扶持的高新技术企业和经认定的技术先进型服务企业征收企业所得税的税率是(　　)。

A. 15%　　B. 20%

C. 25%　　D. 50%

4. 下列各项表述中，不属于负债特征的是(　　)。

A. 企业承担的现时义务

B. 未来流出的经济利益的金额需要估算

C. 由企业过去的交易或者事项形成的

D. 预期会导致经济利益流出企业

5.“同一企业不同时期发生的相同或相似的交易或事项，应当采用一致的会计政策，不得随意变更”体现的会计信息质量要求是(　　)。

A. 重要性　　B. 可比性

C. 相关性　　D. 实质重于形式

6. 因异地临时采购需要在银行开立的临时存款账户，有效期最长不超过(　　)。

A. 6个月　　B. 1年

C. 2年　　D. 3年

7. 下列关于会计法律制度说法正确的是(　　)。

A.《会计法》规定，国务院财政部门主管全国的会计工作，乡级以上地方各级人民政府财政部门管理本行政区域内的会计工作

B. 各单位的会计处理方法，应保证前后各期一致，禁止变更

C. 会计专业技术人员参加继续教育实行学分制管理，每年参加继续教育取得的学分不少于90分，其中，专业科目一般不少于总学分的三分之二

D.《会计法》规定，除财政部门外，审计、税务、商业银行、证券监管、保险监管等部门依照有关法律、行政法规规定的职责和权限，可以对有关单位的会计资料实施监督检查

8. 下列各项经济业务，应通过“其他货币资金”科目核算的是(　　)。

A. 存入证券专户的资金

B. 委托银行代为支付水电费

C. 销售商品收到银行承兑汇票

D. 开出转账支票支付购买办公设备款

9. 下列费用不构成产品成本的是(　　)。

A. 行政管理人员的工资　　B. 车间管理人员的福利费

C. 车间机器设备的折旧费　　D. 车间生产工人的差旅费

10. 下列各项，在资产负债表中单列项目反映的是(　　)。

A. 工程物资　　B. 应收股利

C. 预收款项　　D. 应付利息

11. 下列单据不属于原始凭证的是(　　)。

A. 折旧计算表　　B. 银行对账单

C. 税收缴款书　　D. 工资费用分配表

12. 下列各项经济业务，能同时引起资产和所有者权益发生变动的是(　　)。

A. 从银行提取备用金　　B. 接受投资者追加投资

C. 以资本公积转增资本　　D. 向投资者宣告分配现金股利

13. 下列各项，不属于湖南爱生命科技公司存货的是(　　)。

A. 接受委托加工的产品

B. 为包装本公司产品而储备的包装物

C. 尚未完工的在产品

D. 已发出但不符合收入确认条件的产品

14. 下列不符合“货币计量”会计基本假设说法的是(　　)。

A. 货币计量隐含币值稳定假设，一旦发生恶性通货膨胀，需根据一般物价指数或现行成本数据对现有会计信息进行调整

B. 货币计量是指会计主体在财务会计确认、计量和报告时以货币计量反映会计主体的生产经营活动

C. 收支以外币为主的企业，可以选定某一种外币为记账本位币进行会计核算

D. 在境外设立的中国企业向国内报送的财务报表，可以使用选定的外币反映

15. 下列各项工作，可以由出纳兼任的是(　　)。

A. 登记总账　　B. 保管会计档案

C. 稽核　　D. 登记固定资产明细账

16. 下列属于现金流量表中“筹资活动产生的现金流量”项目的是(　　)。

A. 偿还债务支付的现金

B. 支付的各项税费

C. 销售商品收到的现金

D. 取得子公司及其他营业单位支付的现金净额

17. 下列各项目中，分配辅助生产费用不可能记入的科目是(　　)。

A. 辅助生产成本　　B. 制造费用

C. 基本生产成本　　D. 财务费用

18. 销售的商品由于质量不符合要求发生退货，但尚未确认收入，退回商品后正确的处理方法是(　　)。

A. 贷记“发出商品”　　B. 贷记“库存商品”

C. 贷记“主营业务成本”　　D. 借记“主营业务收入”

19. 纳税人生产经营规模小、产品零星、税源分散、会计账册不健全，应采用的税款征收方式是(　　)。

A. 查定征收　　B. 定期定额征收

C. 查验征收　　D. 查账征收

20. 湖南爱温暖日用品公司生产的保温杯需经两道工序加工完成，第一道工序定额工时 2.5 小时，第二道工序定额工时 1.5 小时。2020 年 5 月 31 日，第一道工序在产品 48 件，第二道工序在产品 16 件，假定各工序在产品完工程度均为 50%，期末在产品约当产量是(　)。

A. 64 件　　B. 32 件

C. 28 件　　D. 23 件

二、多选题(本大题共 20 小题，每小题 3 分，共 60 分。在每小题给出的四个选项中，有两项或两项以上是符合题目要求的。多选、少选均不给分)

21. 湖南爱健康生活餐饮管理有限公司是增值税小规模纳税人，2020 年第一季度销售额 298 000 元，下列税费全免的有(　　)。

A. 增值税　　B. 城市维护建设税

C. 教育费附加与地方教育附加　　D. 印花税

22. 在下列业务中，湖南爱养生茶艺有限公司可以使用现金结算的有(　　)。

A. 向农民付伟购买茶叶 8 000 元

B. 法人代表刘翔出差借支的差旅费 5 000 元

C. 发放给女职工张霞的生育津贴 13 000 元

D. 向房东湖南爱环境租赁公司预付年租金 12 000 元

23. 下列属于会计拓展职能的有(　　)。

A. 预测经济前景　　B. 参与经济决策

C. 评价经营业绩　　D. 参与会计核算

24. 湖南爱节能环保用品公司属于零售业，存货采用售价金额法核算，月末要调整的账户有(　　)。

A. 主营业务收入　　B. 主营业务成本

C. 商品进销差价　　D. 库存商品

25. 湖南爱生命康复公司法人代表是张亮，财务主管是李勇，下列说法正确的有(　　)。

A. 李勇对单位的会计工作和会计资料的真实性、完整性负责

B. 张亮应当保证会计机构、会计人员依法履行职责

C. 张亮不得授意、指使、强令会计机构、会计人员违法办理会计事项

D. 张亮要在财务会计报告上签名并盖章

26. 出纳离职，移交前必须做好的工作有(　　)。

A. 尚未登记的现金日记账、银行存款日记账、其他货币资金明细账，登账并结账

B. 整理应该移交的各项资料

C. 对未了事项写出书面材料

D. 编制移交清册

27. 下列各项经济业务，体现“谨慎性”会计信息质量要求的有(　　)。

A. 编制会计报表附注　　B. 对固定资产折旧采用年数总和法

C. 计提固定资产减值准备　　D. 摊销无形资产

28. 湖南爱运动越野服务有限公司可以将下列经济业务作为“营业外收入”核算的有(　　)。

A. 收到李明捐款 2 000 元　　B. 出纳王芝盘盈现金 30 元，原因不明

C. 收到会员张燕会费 1 000 元　　D. 收到长沙市政府补助 30 000 元

29. 下列属于会计计量属性的有(　　)。

A. 历史成本　　B. 可变现净值

C. 重置成本　　D. 公允价值

30. 单位应当加强会计档案管理工作，建立和完善会计档案的收集、整理、保管、利用和鉴定销毁等管理制度，采取可靠的安全防护技术和措施，保证会计档案的(　　)。

A. 真实　　B. 可靠

C. 安全　　D. 完整

31. 财务会计报告的组成内容有(　　)。

A. 会计报表　　B. 会计报表附注

C. 审计报告　　D. 财务情况说明书

32. 下列关于会计人员职业道德的说法正确的有(　　)。

A. 会计人员应当熟悉单位的生产经营和业务管理情况，运用掌握的会计信息和会计方法，为改善单位内部管理、提高经济效益服务，保守单位商业秘密

B. 会计人员应当按照会计法律法规和国家统一会计制度规定的程序和要求进行会计工作，保证所提供的会计信息合法、真实、准确、及时、完整

C. 会计人员应当热爱会计工作，努力钻研业务，使自己的知识和技能适应所从事工作的要求，办理会计事务应当实事求是、客观公正

D. 对于违反会计职业道德的会计人员，财政部门将给予行政处分

33. 湖南爱清洁洒水车公司的下列经济业务中，应作为“应付职工薪酬”核算的有(　　)。

A. 支付给临时聘请的司机李明工资 3 000 元

B. 支付给办公室主任陈燕配偶刘旺住院慰问金 5 000 元

C. 为职工缴纳住房公积金 230 890 元

D. 支付给离职员工周梁经济补偿 30 000 元

34. 各单位应当建立健全单位内部会计监督制度，以下说法正确的有(　　)。

A. 记账人员与经济业务事项和会计事项的审批人员、经办人员、财物保管人员的职责权限应当明确，并相互分离、相互制约

B. 重大对外投资、资产处置、资金调度和其他重要经济业务事项的决策和执行的相互监督、相互制约程序应当明确

C. 财产清查的范围、期限和组织程序应当明确

D. 对会计资料定期进行内部审计的办法和程序应当明确

35. 下列各项税费，会影响当期损益的有(　　)。

A. 车辆购置税　　B. 企业所得税

C. 增值税　　D. 城市维护建设税

36. 下列关于会计档案保管期限说法正确的有(　　)。

A. 纳税申报表、银行对账单、银行存款余额调节表、月度财务会计报告保管 10 年

B. 原始凭证、记账凭证、日记账、明细账、总账、其他辅助账保管 30 年

C. 会计档案保管清册、会计档案移交清册、会计档案销毁清册、会计档案鉴定意见书、年度财务会计报告永久保管

D. 固定资产卡片在固定资产报废清理后保管 10 年

37. 下列关于个人所得税的说法，正确的有(　　)。

A.“专项扣除”是指居民个人按照国家规定的范围和标准缴纳的基本养老保险、基本医疗保险、失业保险等社会保险费和住房公积金

B.“专项附加扣除”包括子女教育、继续教育、大病医疗、住房贷款利息或者住房租金、赡养老人 6 项

C. 需要办理汇算清缴的，应当在取得所得的次年 1 月 1 日至 7 月 31 日内办理汇算清缴

D. 2020 年 1 月 1 日起，对参加疫情防控工作的医务人员和防疫工作者，按照政府规定标准取得的临时性工作补助和奖金，免征个人所得税

38. 下列属于成本类科目的有(　　)。

A. 主营业务成本　　B. 其他业务成本

C. 研发支出　　D. 制造费用

39. 下列关于“应收账款”核算说法正确的有(　　)。

A. 有现金折扣条件的销售，应按扣除现金折扣前的金额计入应收账款

B. 有商业折扣条件的销售，应按扣除商业折扣前的金额计入应收账款

C. 向购货方收取的销项税额计入应收账款

D. 代购货方垫付的运杂费和包装费计入应收账款

40. 网上银行的主要功能有(　　)。

A. 账户信息查询　　B. 支付指令

C. B2B 网上支付　　D. 批量支付

三、简答题(本大题共 2 小题，每小题 15 分，共 30 分)

41. 湖南爱时尚公司为增值税一般纳税人，2019 年已缴纳增值税 300 万元、消费税 400 万元、城市维护建设税 35 万元、企业所得税 100 万元。2020 年税务机关在税务检查中发现该公司在 2019 年账簿上虚列成本费用 380 万元，假设不考虑除上述税金以外的其他税费。

要求：

(1) 根据以上资料计算湖南爱时尚公司企业所得税偷税金额。(4 分)

(2) 计算湖南爱时尚公司企业所得税偷税金额占应纳税额的百分比，百分数保留 2 位小数。(4 分)

(3) 根据《税收征收管理法》的规定，税务机关对湖南爱时尚公司应如何处理？(7 分)

42. 湖南爱科学公司于 2020 年 1 月成立，在建设银行长沙广益支行开立基本存款账户。2020 年 3 月 5 日，湖南爱科学公司因购买材料向湖南爱卓越公司签发一张由其开户行建设银行长沙广益支行承兑、金额为 100 000 元、出票后 2 个月付款的银行承兑汇票。3 月 20 日，湖南爱卓越公司将该票据背书转让给湖南爱创新公司；4 月 13 日，湖南爱创新公司将该票据向其开户行工商银行长沙新星支行申请办理贴现，年贴现率 9%；5 月 5 日，该汇票到期，湖南爱科学公司因资金周转不灵，仅向其开户行建设银行长沙广益支行存入票款 40 000 元，工商银行长沙新星支行向建设银行长沙广益支行提示付款。

要求：

(1) 请回答，湖南爱科学公司开立基本存款账户应在银行预留哪些印章？(4 分)

(2) 请分别指出这张银行承兑汇票的收款人和实际付款人。(2 分)

(3) 请简要回答，商业汇票的持票人向银行办理贴现需具备的条件。(4 分)

(4) 请简要回答，5 月 5 日该汇票到期，工商银行长沙新星支行向建设银行长沙广益支

行提示付款，建设银行长沙广益支行该如何处理？(3分)

(5) 请计算承兑银行建设银行长沙广益支行对出票人湖南爱科学公司尚未支付的汇票金额每天计收的利息金额。(2分)

四、实务综合题(本大题共260分，其中编制会计分录170分，编制银行存款余额调节表34分，编制资产负债表56分。“应收票据”“应收账款”“预付账款”“应付账款”“预收账款”“应交税费”“应付职工薪酬”“生产成本”应写明细科目，“生产成本”“应交增值税”应写明细项目，未写的每处扣1分。报表只要求填写期末余额)

43. 湖南爱光明机床有限公司地处长沙市天心区，占地15 000平方米，为增值税一般纳税人，增值税税率13%，企业所得税税率25%，城市维护建设税税率7%，教育费附加税率3%，地方教育附加税率2%，房产税税率1.2%，扣除比例为20%，城镇土地使用税13元/平方米。主要从事普通车床和刻模车床的生产和销售。房产税和城镇土地使用税每月预提，按季缴纳。开户银行为中国银行长沙新开支行。

应收账款坏账准备计算采用余额百分比法，按月计提比例为5%，其他的应收款项不计提坏账准备。

存货采用实际成本法核算，发出存货采用先进先出法计价。每月末对货币资金、存货和固定资产进行全面清查。采用品种法计算产品成本，成本项目为直接材料、直接人工和制造

费用。月末在产品和完工产品成本之间的分配采用约当产量法，原材料在生产开始时一次投入，直接人工和制造费用按生产工时分配。成本计算中单位成本及各种分配率的计算保留四位小数，金额保留两位小数。

固定资产折旧和无形资产摊销采用直线法。固定资产折旧方法、折旧年限和无形资产摊销方法与税法的规定一致。固定资产预计净残值率4%，无形资产按30年摊销，无净残值。

资料(一)

2020年4月30日科目余额表见表1，固定资产明细表见表2，银行存款余额调节表见表3。

表1 科目余额表

2020年4月30日 单位：元

总账科目	明细科目	计量单位	数量	单价	借方余额	贷方金额
库存现金					8 000.00	
银行存款					801 452.00	
应收票据	南方机械厂				800 000.00	
应收账款					2 035 700.00	
	重庆重型机械厂				1 700 000.00	
	华南机械厂				335 700.00	
坏账准备	应收账款					101 785.00
预付账款	株洲电机公司				58 000.00	
其他应收款					33 500.00	
	陈小波				500.00	
	张李明				5 000.00	
	代垫职工房租				28 000.00	
原材料					100 800.00	
	电机	台	3	3 000.00	9 000.00	
	生铁	吨	5	2 800.00	14 000.00	
	圆钢	吨	10	4 000.00	40 000.00	
	线材	吨	6	3 300.00	19 800.00	
	油漆	桶	10	1 800.00	18 000.00	
库存商品					2 208 000.00	
	普通车床	台	40	30 000 00	1 200 000 00	
	刻模车床	台	60	16 800.00	1 008 000.00	
固定资产					30 423 900.00	
	厂房				13 500 000.00	
	机器设备				6 300 000 00	
	办公楼				7 597 000.00	

续表

总账科目	明细科目	计量单位	数量	单价	借方余额	贷方金额
	汽车				2 237 000.00	
	电子设备				789 900.00	
累计折旧						17 535 954.00
无形资产	土地使用权				3 600 000.00	
累计摊销	土地使用权					1 240 000.00
应付账款						1 093 950.00
	新化油漆厂					233 950.00
	湘潭钢铁厂					860 000.00
预收账款	南方机床厂					1 000 000.00
应付职工薪酬						667 751.83
	工资、奖金、津贴和补贴					536 800.00
	社会保险费					92 631.83
	住房公积金					38 320.00
其他应付款						89 993.25
	社会保险费					51 673.25
	住房公积金					38 320.00
应交税费					111 118.47	
	应交增值税				152 637.23	
	应交房产税					16 877.60
	应交城镇土地使用税					16 250.00
	应交个人所得税					8 391.16
长期应付款	设备租赁款(付款期2020年10月)					1 260 000.00
实收资本						15 000 000.00
资本公积						370 745.00
盈余公积	法定盈余公积					1 231 105.00
本年利润						861 926.39
利润分配	未分配利润					331 600.00
生产成本					604 340.00	
	普通车床				393 313.00	
	直接材料				265 319.71	
	直接人工				71 258.03	
	制造费用				56 735.26	
	刻模车床				211 027.00	

续表

总账科目	明细科目	计量单位	数量	单价	借方余额	贷方金额
	直接材料				137 718.90	
	直接人工				43 981.13	
	制造费用				29 326.97	
合计					40 826 329.23	40 826 329.23

表2　固定资产明细表

2020年4月30日　　　　单位：元

资产类别	购入时间	原始价值	使用部门	预计使用年限(年)
厂房	2010年10月	13 500 000.00	生产部	20
机器设备	2011年2月	6 300 000.00	生产部	10
办公楼	2010年8月	4 792 000.00	行政部	20
		2 805 000.00	销售部	
汽车	2016年5月	430 000.00	行政部	8
		1 007 000.00	销售部	
		800 000.00	生产部	
电子设备	2016年8月	293 200.00	行政部	8
		139 100.00	销售部	
		357 600.00	生产部	
合计		30 423 900.00		

注：生产车间一台价值260 000元的设备已闲置一年整。

表3　银行存款余额调节表

2020年4月30日　　　　单位：元

企业银行存款日记账		银行对账单	
项　目	金额	项　目	金额
银行存款日记账余额	801 452.00	银行对账单余额	832 202.00
加：银行已收，企业未收	31 250.00	加：企业已收，银行未收	
减：银行已付，企业未付	500.00	减：企业已付，银行未付	
调节后余额	832 202.00	调节后余额	832 202.00

编制人：苏苗苗

资料(二)

2020年5月发生如下经济业务：

①3日，全额收到重庆重型机械厂前欠货款(电汇2325672)。(6分)

②5日，从岳阳金属材料公司购入圆钢5 000公斤，单价4.21元/公斤，价款21 050.00元，增值税2 736.50元；线材3 000公斤，单价3.45元/公斤，价款10 350.00元，增值税1 345.50元；生铁2 000公斤，单价2.95元/公斤，价款5 900.00元，增值税767.00元。收到增值税专用发票，材料均已验收入库，货款尚欠。(6分)

③6日，生产车间生产普通车床领用圆钢7吨，线材4吨，生铁3吨，电机1台，油漆2桶；生产刻模车床领用圆钢3吨，线材2吨，生铁2吨，电机2台。(6分)

④8日，通过银行发放上月工资。应付工资总额为536 800.00元，收回代垫职工房租28 000.00元，银行实际支付508 800.00元。(6分)

⑤10日，电汇支付新化油漆厂的前欠货款(电汇2391533)。(6分)

⑥11日，从湘潭金属材料公司购入圆钢10吨，单价3 980.00元/吨；生铁30吨，单价2 760元/吨，收到增值税专用发票，注明价款合计122 600.00元，增值税合计15 938.00元。材料均验收入库，货款尚欠，通过银行转账支付金晖物流公司运输费500.00元，收到增值税专用发票，注明运费458.72元，增值税41.28元，运费按材料的重量分摊(转账支票80132621)。(6分)

⑦12日，从株洲电机公司购入电机20台，单价2 900.00元/台，收到增值税专用发票，注明价款58 000.00元，增值税7 540.00元，电机已验收入库。(6分)

⑧13日，向南方机床厂发出普通车床30台，每台不含税售价55 000.00元，刻模车床40台，每台不含税售价35 000.00元，开具增值税专用发票，价款3 050 000.00元，税款396 500.00元。(12分)

⑨13日，生产车间生产普通车床领用圆钢2吨，油漆3桶；生产刻模车床领用圆钢3吨，线材2吨，油漆3桶。(6分)

⑩13日，缴纳上月全部社会保险费和住房公积金。(6分)

⑪13日，缴纳上月个人所得税。(6分)

⑫15日，将南方机械厂开具的不带息银行承兑汇票办理贴现，票据出票日为2020年4月5日，到期日为2020年6月5日，年贴现率为7.2%，贴现款项已入账。(6分)

⑬15日，以支付手续费方式委托中南车床公司(增值税一般纳税人)代销刻模车床10台，双方协议每台车床对外不含税销售价格为35 000.00元，手续费率为不含税销售价格的10%，车床已发出。(6分)

⑭20日，销售部张李明出差回来，报销差旅费3 970.00元，其中注明其身份信息的高铁车票2张，共计2 680.00元；住宿费普通发票1张，注明金额1 216.98元，增值税73.02元，余款以现金方式归还。(6分)

⑮25日，收到中南车床公司开具的代销清单，代销的10台刻模车床已售出5台，开具增值税专用发票，注明价款175 000.00元，增值税22 750.00元。收到中南车床公司开具的增值税专用发票，注明手续费16 509.43元，增值税990.57元。款项尚未收到。(12分)

⑯27日，收到长沙市自来水公司增值税专用发票，注明水费10 450.00元，增值税940.50元。收到长沙市城南供电公司增值税专用发票，电费15 187.50元，增值税1 974.38元，款项均已转账支付。本月生产车间耗水2 000吨，耗电13 000千瓦·时；行政部门耗水290吨，耗电3 867千瓦·时；销售部门耗水210吨，耗电1 883千瓦·时。水电费按各部门

实际耗用量分配。(6分)

⑰31日，分配工资630 000.00元，其中刻模车床工人工资137 250.00元，普通车床工人工资167 750.00元，车间管理人员工资59 300.00元，行政管理人员工资157 600.00元，销售部门人员工资108 100.00元。(6分)

⑱31日，计提折旧。(6分)

⑲31日，摊销无形资产。(6分)

⑳31日，计提坏账准备。(6分)

㉑31日，按工时分配制造费用，其中普通车床3 000工时，刻模车床2 000工时。(6分)

㉒31日，本月生产的刻模车床30台，全部完工入库；生产普通车床25台，全部未完工。(6分)

㉓31日，结转应交增值税。(6分)

㉔31日，计提城市维护建设税、教育费附加、地方教育附加。(6分)

㉕31日，计提房产税、城镇土地使用税。(6分)

㉖31日，结转损益。(8分)

资料(三)

湖南爱光明机床有限公司收到2020年5月份银行对账单，会计苏苗苗核对银行存款。

表4　中国银行长沙新开支行对账单

户名：湖南爱光明机床有限公司　　　币种：人民币　　　第5629页

账号：43620685732587931

日期	摘要	凭证种类号码	借方	贷方	余额
20200501	承上月余额				832 202.00
20200503	转账	电汇2325672		1 700 000.00	2 532 202.00
20200508	转账	工资代发	508 800.00		2 023 402.00
20200510	转账	电汇2391533	233 950.00		1 789 452.00
20200511	转账	转账支票80132621	500.00		1 788 952.00
20200512	转账	委托付款	31 250.00		1 757 702.00
20200513	转账	社会保险缴费	144 305.08		1 613 396.92
20200513	转账	公积金缴费	76 640.00		1 536 756.92
20200514	转账	税收缴款书	8 391.16		1 528 365.76
20200515	转账	进账单		796 640.00	2 325 005.76
20200531	转账	转账支票80132622	2 260.00		2 322 745.76
20200531	转账	委托收款3256671		60 000.00	2 382 745.76
20200531	转账	委托付款	51 000.00		2 331 745.76

要求：根据上述资料(一)(二)(三)，完成以下财务工作。

(1)编制会计分录。(共26小题，共170分)

(2)编制2020年5月的银行存款余额调节表。(表头1分，表内项目每空3分，共34分)

表 5　银行存款余额调节表

年　　月　　日　　　　　　　　　　　　　　　　单位：元

企业银行存款日记账		银行对账单	
项目	金额	项目	金额
银行存款日记账余额	①	银行对账单余额	②
加：银行已收，企业未收	③	加：企业已收，银行未收	
	④		
减：银行已付，企业未付	⑤	减：企业已付，银行未付	⑨
	⑥		
	⑦		
	⑧		
调节后余额	⑩	调节后余额	⑪

编制人：苏苗苗

（3）编制 2020 年 5 月 31 日资产负债表。（表头 2 分，报表项目每空 2 分，共 56 分）

表 6　资产负债表

编制单位：　　　　　　　年　　月　　日　　　　　　　　单位：元

资产	期末余额	负债及所有者权益	期末余额
流动资产：		流动负债：	
货币资金	①	应付账款	⑫
应收票据	②	预收款项	⑬
应收账款	③	应付职工薪酬	⑭
预付账款	④	应交税费	⑮
其他应收款	⑤	其他应付款	⑯
存货	⑥	一年内到期的非流动负债	⑰
流动资产合计	⑦	流动负债合计	⑱
非流动资产：		非流动负债：	
固定资产	⑧	长期应付款	⑲
无形资产	⑨	非流动负债合计	⑳
		负债合计	㉑
		所有者权益：	
		实收资本	㉒
		资本公积	㉓
		盈余公积	㉔
		未分配利润	㉕
非流动资产合计	⑩	所有者权益合计	㉖
资产合计	⑪	负债及所有者权益总计	㉗

湖南省2021年普通高等学校对口招生考试

财会类专业综合知识试题

本试题卷共四大题，43小题，时量150分钟，总分390分

一、单选题(本大题共20小题，每小题2分，共40分。在每小题给出的四个选项中，只有一项是符合题目要求的)

1. 下列业务应通过“其他货币资金”科目核算的是(　　)。

A. 销售商品收到商业汇票　　B. 购入股票作为交易性金融资产

C. 支付租入包装物押金　　D. 收取保险公司赔款

2. 下列经济事项体现“实质重于形式”原则的是(　　)。

A. 购进精密仪器采用双倍余额递减法计提折旧

B. 库存材料采用成本与可变现净值孰低法计量

C. 融资租入机床视同自有资产管理

D. 计提已经销售产品的质量保证金

3. 以下经济业务，导致资产总额发生变动的是(　　)。

A. 从银行提取现金　　B. 用商业承兑汇票偿还欠款

C. 收到投资者的现金投资　　D. 生产领用包装物

4. 2021年5月31日对账，发现上月少提折旧，应采用的错账更正方法是(　　)。

A. 划线更正法　　B. 红字更正法　　C. 补充登记法　　D. 蓝字更正法

5. 顺风公司2021年5月31日银行存款日记账余额256万元，银行对账单余额273万元，经核对发现：会计人员将一笔8.6万元的提现业务误记为6.8万元；漏记一笔7.5万元利息收入。经调节后的银行存款日记账余额是(　　)。

A. 212.3万元　　B. 238.7万元　　C. 261.7万元　　D. 273万元

6. 下列经济业务，不影响利润的是(　　)。

A. 销售商品　　B. 支付广告费

C. 接受投资者投资　　D. 高价处置废旧设备

7. 顺水公司2021年5月2日购买亚太上市公司的股票100万股，每股价格5元(含5月5日可以领取的每股0.2元的现金股利)，另支付相关交易费用50 000元，增值税300元，则该项交易性金融资产的入账价值是(　　)。

A. 480 000元　　B. 4 805 000元　　C. 5 000 000元　　D. 5 005 300元

8. 顺泰公司“原材料木板”采用计划成本法核算，2021年5月初结存木板的计划成本为35万元，“材料成本差异”账户借方余额2万元，5月采购木板的实际成本230万元，计划成本215万元，生产领用木板190万元，则5月末木板的实际成本是(　　)。

A. 64.08万元　　B. 65万元　　C. 65.08万元　　D. 68万元

9. 顺阳公司库存商品采用毛利率法核算，2021年5月初商品成本900万元，本月购进商品成本3 700万元，本月销售商品收入2 800万元，商品毛利率18%，则5月结存商品的成本是(　　)。

A. 1 800万元　　B. 2 304万元　　C. 2 404万元　　D. 4 096万元

10. 顺胜公司2018年6月3日购入一台生产设备，原价2 000万元，预计净残值50万元，预计使用5年，采用双倍余额递减法计提折旧，2021年度该设备应计提的折旧额是(　　)。

A. 191万元　　B. 216万元　　C. 239.5万元　　D. 288万元

11. 顺利公司自行研发一项专利技术，发生研发支出780万元，其中专利技术开发阶段支出420万元，符合资本化条件支出330万元，申请专利支付手续费1.5万元，该项专利技术入账价值是(　　)。

A. 331.5万元　　B. 421.5万元　　C. 690万元　　D. 691.5万元

12. 下列不属于职工薪酬核算内容的是(　　)。

A. 支付独立董事津贴　　B. 支付职工技能培训费

C. 报销员工出差的差旅费　　D. 为职工缴存的住房公积金

13. 不应记入“应交税费”账户的是(　　)。

A. 代收代缴的消费税　　B. 缴纳的印花税

C. 代扣代缴的个人所得税　　D. 缴纳的房产税

14. 顺康公司年初“利润分配—未分配利润”贷方余额20万元，当年实现净利润380万元，按10%提取法定盈余公积，宣告发放现金股利180万元，年末资产负债表“未分配利润金额”是(　　)。

A. 38万元　　B. 180万元　　C. 182万元　　D. 400万元

15. 下列业务会导致所有者权益总额发生变动的是(　　)。

A. 发放股票股利　　B. 以盈余公积补亏

C. 提取盈余公积　　D. 以现金回购本公司股票

16. 下列项目属于营业收入的是(　　)。

A. 债权投资的利息收入　　B. 出售固定资产的净收益

C. 接受现金捐赠　　D. 出租包装物的租金收入

17. 下列各项不会影响期间费用的是(　　)。

A. 商品售后维修费　　B. 委托代销商品手续费

C. 商品销售退回　　D. 销售网点职工薪酬

18. 下列关于品种法的描述，不正确的是(　　)。

A. 一般在月末计算产品成本

B. 以产品品种作为成本计算对象

C. 期末在产品数量较多时，需将生产费用在完工产品与在产品之间进行分配

D. 适用于小批或单件生产产品的企业

19. 下列项目应计入营业外支出的是(　　)。

A. 计提的房屋减值准备　　B. 原材料管理不善造成的盘亏净损失

C. 计提的产品质量保证金　　D. 对外捐赠的扶贫救助款

20. 下列构成顺达公司2021年5月31日资产的是(　　)。

A. 5月1日拟采购一批钢材

B. 5月18日经营租入一台租期为3个月的吊车

C. 5月31日生产车间从仓库领用一批原材料

D. 5月31日盘亏一台打印机

二、多选题(本大题共20小题，每小题3分，共60分。在每小题给出的四个选项中，有两项或两项以上是符合题目要求的。多选、少选均不给分)

21. 下列关于现金短缺的会计处理，正确的有(　　)。

A. 无法查明原因的现金短缺记入“营业外支出”

B. 无法查明原因的现金短缺记入“管理费用”

C. 应由责任人赔偿的现金短缺记入“应收账款”

D. 应由责任人赔偿的现金短缺记入“其他应收款”

22. 下列业务，不会引起资产和所有者权益同时发生增减变动的有(　　)。

A. 盈余公积转增资本　　B. 宣告发放现金股利

C. 接受投资者追加投资　　D. 提取盈余公积

23. 下列单据，属于自制原始凭证的有(　　)。

A. 支票存根　　B. 差旅费报销单

C. 产品入库单　　D. 收料凭证汇总表

24. 下列业务应确认为营业外收入的有(　　)。

A. 批准结转无法查明原因的现金溢余　　B. 转销无法支付的应付账款

C. 出售管理用设备取得的净收入　　D. 收到的罚款收入

25. 下列关于现金流量表的说法，正确的有(　　)。

A. 现金流量表是反映企业在一定会计期间现金和现金等价物流入和流出的财务报表

B. 现金流量表中的现金是指库存现金、银行存款和其他货币资金

C. 现金流量表的编制基础是收付实现制

D. 编制现金流量表的方法有直接法和间接法，企业应当采用直接法编制现金流量表

26. 影响应收账款入账金额的有(　　)。

A. 商业折扣　　B. 现金折扣

C. 增值税销项税额　　D. 代垫运杂费

27. 设有总会计师的国营企业，对外出具的财务报告上签名并盖章的人有(　　)。

A. 注册会计师　　B. 总会计师

C. 单位负责人　　D. 会计机构负责人

28. 下列账簿应当采用数量金额式的有(　　)。

A. “库存商品”明细账　　B. “原材料”明细账

C. “生产成本”明细账　　D. “制造费用”明细账

29. 下列不应计入无形资产成本的有(　　)。

A. 无法区分研究阶段和开发阶段的研发费用

B. 为自创商标申请注册登记而发生的宣传费用

C. 依法申请专利权发生的注册费

D. 研究阶段发生的材料费

30. 下列固定资产，应计提折旧的有(　　)。

A. 闲置的厂房　　B. 处于更新改造中的生产设备

C. 融资租入的固定资产　　D. 日常维修期间暂停使用的生产线

31. 下列账户余额，年度终了须转入“利润分配—未分配利润”账户的有(　　)。

A. 本年利润　　B. 利润分配—应付股利

C. 利润分配—盈余公积补亏　　D. 盈余公积

32. 下列资产减值准备，在以后会计期间不得转回的有(　　)。

A. 固定资产减值准备　　B. 无形资产减值准备

C. 长期股权投资减值准备　　D. 存货跌价准备

33. 下列应计入资本公积的有(　　)。

A. 接受捐赠

B. 投资者出资额超出其在注册资本中所占份额的部分

C. 交易性金融资产发生的公允价值变动

D. 资本溢价

34. 下列法律责任，属于行政处罚的有(　　)。

A. 罚款　　B. 吊销执照　　C. 没收违法所得　　D. 没收财产

35. 根据借贷记账法的记账规则，下列说法正确的有(　　)。

A. 每个账户的借方余额必然等于该账户的贷方余额

B. 某个账户有借方余额就不可能有贷方余额

C. 全部账户借方发生额合计等于全部账户贷方发生额合计

D. 每个账户的借方发生额必然等于该账户的贷方发生额

36. 下列属于我国会计职业道德行为规范主要内容的有(　　)。

A. 爱岗敬业、诚实守信　　B. 廉洁自律、客观公正

C. 坚持准则、提高技能　　D. 参与管理、强化服务

37. 增值税一般纳税人购入货物时即认定其增值税不能抵扣的有(　　)。

A. 购入的货物用于免税项目　　B. 购入的货物用于集体福利

C. 购入的房屋建筑物用于生产经营　　D. 购入的货物无偿赠送他人

38. 权益法下，投资企业应调整“长期股权投资”账面价值的有(　　)。

A. 被投资企业当年实现净利润　　B. 被投资企业发放现金股利

C. 被投资企业当年提取盈余公积　　D. 被投资企业宣告发放现金股利

39. 根据《税收征收管理法》的规定，税务机关有权核定纳税人应纳税额的有(　　)。

A. 拒不提供纳税资料的

B. 依照法律、行政法规的规定应当设置账簿但未设置账簿的

C. 纳税人申报的计税依据明显偏低，又无正当理由的

D. 发生纳税义务，未按照规定的期限办理纳税申报

40. 下列属于让渡资产使用权收入的有(　　)。

A. 出租包装物的租金收入　　B. 转让无形资产使用权的收入

C. 处置交易性金融资产的净收益　　D. 债权投资的利息收入

三、简答题(本大题共 2 小题，每小题 20 分，共 40 分)

41. 湖南知行合一文化有限公司是增值税小规模纳税人，主营湘绣产品的销售，纳税期限一个月，2021 年 4 月应交增值税 40 000 元。2021 年 5 月发生以下经济业务：

① 5 日，将已经使用过的小汽车销售给湖南环保二手车回收公司(增值税一般纳税人)，含税售价 20 400 元，湖南环保二手车回收公司要求开具增值税专用发票。

② 20 日，缴纳应交的 40 000 元增值税及其滞纳金。

③ 23 日，销售给杭州贸易有限公司(增值税小规模纳税人)湘绣一批，含税售价 206 000 元，货已发出，款项收存银行。

要求：根据上述资料，回答下列问题。

(1) 增值税小规模纳税人的认定标准是什么？(4 分)

(2) 在什么情况下，增值税小规模纳税人可以向税务机关申请登记为增值税一般纳税人？(4 分)

(3) 湖南知行合一文化有限公司可以采用哪些方式为湖南环保二手车回收公司开具增值税专用发票？(4 分)

(4) 湖南知行合一文化有限公司 5 月 20 日缴纳的滞纳金是多少元？(写出计算过程，不写过程扣 2 分)(4 分)

(5) 湖南知行合一文化有限公司 5 月 23 日需要缴纳的增值税是多少元？(写出计算过程，不写过程扣 2 分)(4 分)

42. 湖南顺德食品有限公司是增值税一般纳税人，主营雪饼的生产和销售，2021 年 5 月发生以下事项：

① 5 日，销售一批雪饼给湖南云新超市，开出普通发票，货已发出，收到湖南云新超市一张面值 20 万元的转账支票。当天出纳马丽持该转账支票到银行提示付款，开户行告知支票是空头支票，退票。

② 9 日，马丽签发一张 3 万元的现金支票提现备用，签发一张可以授权补记的转账支票交给公司总经理。

要求：请根据以上资料，回答下列问题。

(1) 什么是空头支票？(4 分)

(2) 中国人民银行对这张空头支票可以罚款的金额是多少？湖南顺德食品有限公司对这张空头支票可以索赔的金额是多少？(写出计算过程)(4 分)

(3) 支票授权补记的事项有哪些？(4 分)

(4) 支票必须记载的事项有哪些？(6 分)

(5) 请规范书写 2021 年 5 月 9 日的大写出票日期。(2 分)

四、实务综合题(本大题共 250 分，其中编制会计分录 210 分，编制资产负债表 40 分。“应收账款”“应付账款”“应交税费”“应付职工薪酬”“生产成本”应写明细科目，“生产成本”“应交增值税”应写明细项目，未写的每处扣 1 分。报表只要求填写期末余额)

43. 长沙超世服饰有限公司为增值税一般纳税人，增值税税率 13%，企业所得税税率 25%，城市维护建设税税率 7%，教育费附加税率 3%，地方教育附加税率 2%。主要从事西服和西裤的生产和销售。

应收账款坏账准备核算采用余额百分比法，按月计提坏账准备，计提比例为 5%，其他的应收款项不计提坏账准备。

存货采用实际成本法核算，发出存货采用先进先出法计价。每月末对货币资金、存货和固定资产进行全面清查。采用品种法计算产品成本，成本项目为直接材料、直接人工和制造费用。月末在产品和完工产品成本之间的分配采用约当产量法，原材料在生产开始时一次投入，直接人工和制造费用按生产工时分配。金额保留两位小数，成本计算中单位成本及各种分配率保留四位小数。

固定资产折旧采用直线法，年折旧率 10%，固定资产折旧方法、折旧年限与税法的规定一致。

资料(一)

公司 2021 年 4 月 30 日科目余额表、固定资产及折旧明细表、银行借款明细表见表 1~表 3。

表 1　科目余额表

2021 年 4 月 30 日　　　　单位：元

总账科目	明细科目	单位	数量	单价	借方余额	贷方余额
库存现金					8 970.00	
银行存款					3 239 836.00	
应收账款					4 751 700.00	
	利达公司				1 350 000.00	
	天健实业				801 700.00	
	湘楚集团				2 600 000.00	
坏账准备	应收账款					237 585.00
其他应收款					27 180.00	
	刘国强				6 000.00	
	代垫职工房租				21 180.00	
原材料					1 076 820.00	
	丝绵	米	4 900	105.00	514 500.00	
	无纺布	米	7 894	30.00	236 820.00	
	精纺呢	米	13 000	21.00	273 000.00	
	贡丝锦	米	1 500	35.00	52 500.00	
周转材料	包装物	条	3 500	3.00	10 500.00	
库存商品					1 698 697.00	

续表

总账科目	明细科目	单位	数量	单价	借方余额	贷方余额
	西服	件	5 068	221.50	1 122 562.00	
	西裤	条	2 950	195.30	576 135.00	
固定资产					23 506 080.00	
	房屋及建筑物				12 500 080.00	
	机器设备				7 806 000.00	
	办公设备				1 500 000.00	
	交通设备				1 700 000.00	
累计折旧						5 406 380.00
应付账款						1 828 350.00
	泰州吉泰					440 700.00
	江苏阳光					881 400.00
	南通海盟					335 250.00
	高诚布业					150 000.00
	城东供电局					21 000.00
应付职工薪酬						443 850.98
	工资					397 300.00
	社会保险费					38 250.98
	住房公积金					8 300.00
其他应付款						23 513.44
	社会保险费					15 213.44
	住房公积金					8 300.00
应交税费						1 356.27
	应交增值税				3 000.00	
	应交个人所得税					4 356.27
应付利息						60 000.00
长期借款						10 000 000.00
实收资本						15 000 000.00
资本公积						370 050.00
盈余公积	法定盈余公积					517 193.37
本年利润						227 626.05
利润分配	未分配利润					581 678.14
生产成本						
	西裤				377 800.25	
	直接材料				264 460.18	
	直接人工				64 226.05	
	制造费用				49 114.02	
合计					34 700 583.25	34 700 583.25

表 2　固定资产及折旧明细表

2021 年 4 月 30 日　　　　　　　　　　　单位：元

使用部门	月初固定资产原值	本月增加	本月减少	月末固定资产原值	本月折旧
管理部门	3 980 040.00			3 980 040.00	33 167.00
销售部门	2 970 000.00		240 000.00	2 730 000.00	24 750.00
生产部门	16 436 040.00	360 000.00		16 796 040.00	136 976.00
合计	23 386 080.00	360 000.00	240 000.00	23 506 080.00	194 893.00

注：管理部门原值为 600 000.00 元的办公用房 2021 年 5 月 1 日开始出租，租期一年。

表 3　银行借款明细表

2021 年 4 月 30 日　　　　　　　　　　　单位：元

借款银行	借款金额	借款期限		年利率	借款条件	借款用途
		借款日	到期日			
工商银行东塘支行	3 000 000.00	2019.10.01	2022.10.01	7.2%	保证借款，按季付息，到期还本	扩大经营
建设银行东塘支行	5 000 000.00	2020.04.01	2023.04.01	7.2%	抵押借款，按季付息，到期还本	扩大经营
交通银行东塘支行	2 000 000.00	2019.05.01	2022.05.01	7.2%	抵押借款，按季付息，到期还本	扩大经营
合计	10 000 000.00					

资料(二)

2021 年 5 月，公司发生如下经济业务：

① 1 日，从泰州吉泰购入贡丝锦 10 000 米，单价 34.5 元/米，价款 345 000.00 元，增值税 44 850.00 元，收到增值税专用发票，材料已验收入库，款项未付。(6 分)

② 1 日，向长沙美丽达公司出租本市内一处 2014 年取得的办公用房，收取 5 月房租 60 000.00元(含税价)，存入银行。公司选择简易计税方法计税，开具增值税普通发票。(6 分)

③ 3 日，生产车间生产西裤领用无纺布 3 000 米，精纺呢 5 000 米，贡丝锦 4 000 米，丝绵 3 000 米。(6 分)

④ 7 日，通过银行发放上月工资。应付工资总额为 397 300.00 元，收回代垫职工房租 21 180.00元。(6 分)

⑤ 8 日，公司将自产的西服 200 件作为母亲节福利，发给女职工，西服的市场售价为不含税单价 550 元/件。其中行政管理部门女职工 30 人，销售部门女职工 20 人，车间管理部门女职工 5 人，西服生产车间女职工 85 人，西裤生产车间女职工 60 人。(18 分)

⑥ 8 日，收到长沙市城东供电局电费增值税专用发票一份，注明电量 21 000 度，金额 21 000.00 元，增值税税款 2 730.00 元，款项通过银行转账支付。(6 分)

⑦ 11 日，向中铁集团销售西服 3 500 件，不含税单价 550 元/件，西裤 1 500 条，不含税单价 410 元/条，西服给予 5% 的折扣销售，全部款项暂未收取，开具增值税专用发票。(12 分)

⑧ 12 日，从江苏阳光购入精纺呢 5 000 米，单价 22 元/米，价款 110 000.00 元，增值税 14 300.00 元；丝绵 5 000 米，单价 106 元/米，价款 530 000.00 元，增值税 68 900.00 元。收到增值税专用发票，材料均已验收入库，款项未付。通过银行转账支付运输费 2 180.00 元，收到增值税专用发票，注明运费 2 000.00 元，增值税 180.00 元，运费按材料的数量分摊。(6 分)

⑨ 13 日，生产车间生产西裤领用精纺呢 3 000 米，无纺布 2 000 米；生产西服领用精纺呢 3 000 米，无纺布 2 800 米，丝绵 3 000 米。(6 分)

⑩ 14 日，支付三湘都市报广告费 12 720.00 元，收到增值税专用发票一张，不含税金额 12 000.00 元，增值税 720 元。开出转账支票支付。(6 分)

⑪ 15 日，转账缴纳上月全部社会保险费和住房公积金。(6 分)

⑫ 15 日，转账缴纳上月个人所得税。(6 分)

⑬ 16 日，现金支付本月行政管理部门发生的快递费 1 590.00 元，收到顺丰快递公司开具的增值税专用发票一张，不含税金额 1 500.00 元，增值税 90 元。(6 分)

⑭ 17 日，向长沙联通公司赊销西裤 800 条，不含税单价 410 元/条，约定现金折扣：3/10、2/20、n/30(不考虑增值税)，西裤已发出，开具增值税专用发票一张。(12 分)

⑮ 18 日，将公司使用过的包装物卖给废品回收公司，取得含税收入 7 910.00 元，款项存入银行。该包装物成本已全部摊销。(6 分)

⑯ 20 日，采购部林李到财务部预借 5 000.00 元现金，外出采购办公用品。(6 分)

⑰ 21 日，现金支付防伪税控开票系统技术维护费 800 元，取得增值税普通发票一张，注明不含税金额 754.72 元，增值税 45.28 元。(12 分)

⑱ 22 日，出纳向银行购买 3 本现金支票，2 本转账支票，工本费 150.00 元从银行账户中扣除。(6 分)

⑲ 24 日，收到本月 17 日销售给长沙联通公司的西裤款项。(6 分)

⑳ 25 日，因管理不善，致使库存原材料丢失，实际成本 12 000.00 元，适用 13%增值税税率。购进该批材料时已取得增值税专用发票，进项税额已在购进月份申报抵扣。(6 分)

㉑ 31 日，分配工资 520 000.00 元，其中西服工人工资 97 250.00 元，西裤工人工资 171 750.00元，车间管理人员工资 33 900.00 元，行政管理人员工资 102 100.00 元，销售部门人员工资 115 000.00 元。(6 分)

㉒ 31 日，计提本月折旧。(6 分)

㉓ 31 日，计提坏账准备。(6 分)

㉔ 31 日，计提本月借款利息。(6 分)

㉕ 31 日，按工时分配制造费用，其中生产西服 1 000 工时，生产西裤 4 000 工时。(6 分)

㉖ 31 日，本月生产西服 2 000 件，全部未完工；生产西裤 8 000 条，全部完工入库。(6 分)

㉗ 31 日，结转应交增值税。(6 分)

㉘ 31 日，计提城市维护建设税、教育费附加、地方教育附加。(6 分)

㉙ 31 日，结转损益。(12 分)

要求：根据上述资料(一)(二)，完成以下财务工作。

(1) 编制会计分录。(共 29 小题，共 210 分)

(2) 编制 2021 年 5 月 31 日资产负债表(表 4)。(需填列的报表项目，每空 2 分，共 40 分)

表 4　资产负债表(简表)　　　会企 01 表

编制单位：长沙超世服饰有限公司　　　2021 年 5 月 31 日　　　单位：元

资产	期末余额	上年年末余额(略)	负债和所有者权益	期末余额	上年年末余额(略)
流动资产：			流动负债：		
货币资金	①		应付账款	⑨	
应收账款	②		应付职工薪酬	⑩	
其他应收款	③		应交税费	⑪	
存货	④		其他应付款	⑫	
流动资产合计	⑤		一年内到期的非流动负债	⑬	
			流动负债合计	⑭	
非流动资产：			非流动负债：		
固定资产	⑥		长期借款	⑮	
			非流动负债合计	⑯	
			负债合计	⑰	
			所有者权益：		
			实收资本	15 000 000.00	
			资本公积	370 050.00	
			盈余公积	517 193.37	
			未分配利润	⑱	
非流动资产合计	⑦		所有者权益合计	⑲	
资产合计	⑧		负债和所有者权益总计	⑳	

学号：________ 班级：________ 姓名：________

密 封 线 内 不 要 答 题

湖南省2022年普通高等学校对口招生考试

财会类专业综合知识试题

本试题卷共四大题，43道小题，共12页。时量150分钟，满分390分

一、单选题(本大题共20小题，每小题2分，共40分。在每小题给出的四个选项中，只有一项是符合题目要求的)

1. 属于流动资产的是(　　)。

A. 开发支出　　B. 合同资产

C. 债券投资　　D. 在建工程

2. 总分类账和明细分类账平行登记要点不包括(　　)。

A. 期间一致　　B. 方向相同

C. 登记人相同　　D. 金额相等

3. 对各辅助生产车间的成本费用进行两次分配的方法是(　　)。

A. 直接分配法　　B. 交互分配法

C. 约当产量法　　D. 定额成本法

4. 引起资产和负债同时增加的业务是(　　)。

A. 预付材料采购款项　　B. 收回包装物押金

C. 用银行存款偿还借款　　D. 收到存入保证金

5. 借贷记账法的表述，不正确的是(　　)。

A. 账户的左方和右方，哪一方登记增加，哪一方登记减少，取决于经济内容的性质和账户的性质

B. 负债类账户的借方登记减少额，贷方登记增加额

C. 费用类账户和收入类账户都属于损益类账户，记录增减的方向一致

D. 以“有借必有贷，借贷必相等”为记账规则

6. 员工报销差旅费的票据中属于自制原始凭证的是(　　)。

A. 航空运输电子客票行程单　　B. 住宿费发票

C. 差旅费报销单　　D. 高铁车票

7. 对代理记账机构及其从事代理记账业务情况实施监督检查的是(　　)。

A. 县级以上人民政府税务部门　　B. 县级以上人民政府财政部门

C. 省级以上人民政府税务部门　　D. 省级以上人民政府财政部门

8. 平安公司原材料采用计划成本法核算，月初“原材料”账户借方余额30 000元，“材料成本差异”账户借方余额2 000元，当月购进材料的实际成本55 000元，计划成本50 000元，发出材料的计划成本60 000元，则发出材料的实际成本为(　　)。

A. 60 000元　　B. 63 250元

C. 65 250元　　D. 66 250元

9. 平安公司购入健康公司当日发行的5年期债券，面值为3 000万元，实际支付3 050万元，另支付相关税费1万元，则该项债权投资的入账价值为(　　)。

A. 3 000万元　　B. 3 050万元

C. 3 051万元　　D. 3 055万元

10. 平安公司对生产线进行升级改造，该生产线原值2 000万元，已计提折旧1 200万元，改造过程中发生支出800万元，被替换的部分生产线原值200万元，出售取得变价收入2万元，升级改造完工后，该厂房的入账价值为(　　)。

A. 1 398万元　　B. 1 400万元

C. 1 518万元　　D. 1 520万元

11. 平安公司2020年1月购买一项管理用特许权，成本1 200万元，合同约定受益期限为10年，采用直线法摊销，2021年12月31日，该特许权可收回金额为768万元，则2022年5月摊销额为(　　)。

A. 8万元　　B. 10万元

C. 10.05万元　　D. 10.1万元

12. 平安公司2021年度应缴纳的税金包括：增值税800万元，消费税200万元，车船税10万元，房产税20万元，印花税2万元，城镇土地使用税28万元，企业所得税500万元，上述税金中应记入“税金及附加”的金额是(　　)。

A. 260万元　　B. 760万元

C. 1 060万元　　D. 1 560万元

13. 平安公司2021年年初未分配利润200万元，盈余公积800万元，2021年度实现净利润1 000万元，提取法定盈余公积100万元、任意盈余公积25万元，宣告发放现金股利50万元，不考虑其他因素，平安公司2021年年末留存收益为(　　)。

A. 1 000万元　　B. 1 950万元

C. 2 000万元　　D. 2 075万元

14. 2022年5月31日，平安公司银行存款日记账余额216万元，银行对账单余额212.3万元。经逐笔核对，存在以下记账差错及未达账项：从银行提取现金6.9万元，会计人员误记为9.6万元；银行为公司代付电话费6.4万元，但公司未接到银行付款通知，尚未入账。5月31日银行存款余额调节表调节后的存款余额为(　　)。

A. 205.9万元　　B. 212.3万元

C. 218.7万元　　D. 225.1万元

15. 2021年，平安公司利润总额300万元，所得税费用80万元，营业外收入10万元，营业外支出7万元，其他综合收益18万元，2021年公司净利润为(　　)。

A. 220万元　　B. 223万元

C. 238万元　　D. 241万元

16. 下列属于所有者权益变动表项目的是(　　)。

A. 企业采用的重要会计政策　　B. 购买商品支付的现金

C. 应付债券　　D. 盈余公积转增资本

17. 下列属于合同取得成本的是(　　)。

A. 差旅费　　B. 业务招待费
C. 律师咨询费　　D. 销售佣金

18. 符合《会计档案管理办法》规定的是(　　)。
A. 会计凭证保管 30 年　　B. 会计账簿保管 30 年
C. 财务会计报告永久保管　　D. 纳税申报表保管 30 年

19. 2022 年 5 月 20 日签发支票，支票正联出票日期书写正确的是(　　)。
A. 贰零贰贰年零伍月零贰拾日　　B. 贰零贰贰年零伍月贰拾日
C. 贰零贰贰年伍月零贰拾日　　D. 贰零贰贰年伍月贰拾日

20. 存货清查采用永续盘存制是为了检查(　　)。
A. 账证是否相符　　B. 账账是否相符
C. 账实是否相符　　D. 账表是否相符

二、多选题(本大题共 20 小题，每小题 3 分，共 60 分。在每小题给出的四个选项中，有两项或两项以上是符合题目要求的。多选、少选均不给分)

21. 下列各项，可以作为会计主体的有(　　)。
A. 企业生产车间　　B. 分公司
C. 子公司　　D. 企业集团

22. 收入确认和计量的步骤，包括(　　)。
A. 识别与客户订立的合同，包括书面形式、口头形式以及其他形式
B. 识别合同中的单项履约义务
C. 确定交易价格，不包括代第三方收取的款项
D. 将交易价格分摊至各单项履约义务

23. 下列各项，属于成本类会计科目的有(　　)。
A. 制造费用　　B. 合同取得成本
C. 研发支出　　D. 合同履约成本

24. 属于会计人员遵守“参与管理”职业道德的有(　　)。
A. 广泛宣传财经法律、法规、规章和国家统一会计制度
B. 按照会计法律、法规和国家统一会计制度规定的程序和要求进行会计工作
C. 建立健全企业内部控制、促进完善企业规章制度和业务流程
D. 促进企业生产经营活动合法合规

25. 不会引起所有者权益总额发生增减变动的有(　　)。
A. 实际发放现金股利　　B. 实际发放股票股利
C. 盈余公积转增资本　　D. 回购本公司股票

26. 企业内部控制的措施有(　　)。
A. 不相容职务分离控制　　B. 授权批准控制
C. 会计系统控制　　D. 绩效考评控制

27. 根据税收征管法律制度的规定，可以对纳税人采取税收保全措施的财产有(　　)。
A. 维持生活必需的唯一住房　　B. 价值 4 000 元的电视机
C. 价值 100 000 元的小汽车　　D. 价值 10 000 元的手表

28. 关于科目汇总表账务处理程序，说法正确的有(　　)。
A. 根据审核无误的科目汇总表登记总账
B. 适用于业务量多的单位
C. 减轻了登记总分类账的工作量
D. 能够反映各个账户之间的对应关系

29. 以职工工资总额为基数计提的项目有(　　)。
A. 个人所得税　　B. 职工教育经费
C. 工会经费　　D. 教育费附加

30. 通程百货商场采用售价金额核算法进行核算，2022 年 5 月 31 日结账前有关账户余额如下：“库存商品”借方余额 750 000 元，“商品进销差价”贷方余额 150 000 元，“主营业务收入”贷方发生额合计 600 000 元，下列正确的有(　　)。
A. 期末商品进销差价率为 25%
B. 期末已销商品应分摊的商品进销差价为 120 000 元
C. 本月已销商品的实际成本为 480 000 元
D. 本月结存商品的实际成本为 150 000 元

31. 属于刑事责任的方式有(　　)。
A. 罚款　　B. 罚金
C. 没收违法所得　　D. 没收财产

32. 根据支付结算法律制度的规定，下列票据记载事项中，属于相对记载事项的有(　　)。
A. 承兑日期　　B. 出票日期
C. 背书日期　　D. 保证日期

33. 关于品种法的表述，正确的有(　　)。
A. 成本核算对象是产品的品种
B. 一般定期计算产品成本
C. 成本计算期与产品生产周期基本一致
D. 适用于单步骤、大量生产的企业

34. 关于会计期末资产计量的表述，不正确的有(　　)。
A. 存货按照账面价值与可变现净值孰低计量
B. 长期股权投资按照账面价值与可收回金额孰低计量
C. 固定资产按照可收回金额计量
D. 债权投资按公允价值计量

35. 中联机械厂属于制造类企业，为增值税一般纳税人，适用增值税税率 13%。2022 年 5 月，中联机械厂向致远公司销售一批产品，由中联机械厂的运输队负责运输并收取运输费。针对上述业务，下列说法正确的有(　　)。
A. 中联机械厂以上业务属于混合销售行为
B. 中联机械厂以上业务属于兼营行为
C. 中联机械厂运输队收取的运输费按照 9% 的税率计算增值税
D. 中联机械厂运输队收取的运输费按照 13% 的税率计算增值税

36. 职工薪酬中的“职工”，包括(　　)。

A. 与企业订立劳动合同的临时职工

B. 与企业订立劳动合同的兼职职工

C. 通过企业与劳务中介公司签订用工合同而向企业提供服务的人员

D. 未与企业订立劳动合同，但由企业正式任命的治理层和管理层人员

37. 应记入“投资收益”的有(　　)。

A. 国库券利息收入

B. 取得交易性金融资产支付的手续费

C. 取得债权投资时支付的手续费

D. 长期股权投资采用权益法核算时，被投资方宣告分配的股票股利

38. 关于使用权资产，说法正确的有(　　)。

A. 使用权资产，是指承租人可在租赁期内使用租赁资产的权利

B. 使用权资产的核算范围，为承租人的所有租赁业务取得的使用权资产

C. 承租人应当采用成本模式对使用权资产进行后续计量

D. 承租人应当按照资产减值的规定，确定使用权资产是否发生减值，并对已识别的减值损失进行会计处理

39. 下列违法行为尚未构成犯罪的，可予以通报并处 5 000 元以上 100 000 元以下罚款的有(　　)。

A. 隐匿或者故意销毁依法应当保存的会计资料

B. 编制虚假财务会计报告

C. 没有按照规范保管会计资料，致使会计资料毁损无法使用

D. 伪造、变造会计凭证、会计账簿

40. 财务报表附注的内容有(　　)。

A. 企业简介和主要财务指标　　B. 财务报表的编制基础

C. 重要会计政策和会计估计　　D. 报表重要项目的说明

三、案例计算及解析题(本大题共 2 小题，41 题 30 分，42 题 24 分，共 54 分)

41. 振兴公司和中华公司同为增值税一般纳税人，增值税税率 13%，纳税期限均为一个月。振兴公司主营白酒的生产和销售，白酒消费税比例税率为 20%，定额税率为 0.5 元/500 克。2022 年发生如下业务：

① 3 月 3 日，振兴公司委托中华公司加工白酒 60 吨，加工费为每吨 1 000 元(不含增值税)，当日发出价值 30 万元的大米(白酒的原材料)。中华公司负责委托加工物资的往返运输。

② 4 月 24 日，转账支付加工费，收到中华公司开具的增值税专用发票。4 月 25 日，振兴公司提取 60 吨白酒，该批白酒收回后直接用于销售。

③ 5 月 17 日，税务局稽查发现中华公司没有代收代缴消费税。中华公司没有同类白酒的销售价格。

要求：根据以上资料，回答下列问题。

(1) 3 月 3 日，振兴公司发出的价值 30 万元的大米属于哪个公司的存货？一般而言，委托加工物资的成本应该包括哪些内容？(6 分)

(2) 编制振兴公司 3 月 3 日发出大米的会计分录。(4 分)

(3) 计算振兴公司应支付的加工费及增值税(要求写出计算过程)，并编制 4 月 24 日支付加工费的会计分录。(8 分)

(4) 该笔委托加工业务的消费税应由哪个公司承担？请指出纳税义务发生时间。(4 分)

(5) 计算该业务应补缴的消费税税额(写出具体计算过程)。(4 分)

(6) 5 月 17 日，税务局针对该业务未交的消费税发出限期缴纳税款通知书。该税款缴纳的最长期限不超过多少天？(4 分)

42. 爱康公司主营健身服务，单位负责人王兵，财务负责人李丽，增值税税率6%。2022年4月1日与光明公司签订一份期限9个月的服务合同。合同约定，光明公司员工2022年12月31日前在爱康公司健身，没有次数限制。当天收到光明公司转账支付的会员费38 160元，开具增值税专用发票。

要求：根据上述资料，回答以下问题。

(1) 该合同属于某一时点的履约义务还是某一时段的履约义务，这个义务通过什么会计科目核算？该会计科目属于什么性质？(6分)

(2) 2022年4月1日涉及的税费通过什么科目核算(写清明细科目)(4分)

(3) 编制爱康公司2022年4月1日收到会员费的会计分录。(4分)

(4) 计算爱康公司2022年4月30日应确认的主营业务收入金额。(4分)

(5) 编制爱康公司2022年4月30日确认收入的会计分录。(4分)

(6) 依据《会计法》的规定，谁对爱康公司的会计工作和会计资料的真实性和完整性负责？(2分)

四、实务综合题(本大题共236分，其中编写会计分录180分，编制资产负债表56分。"应收账款""应付账款""应交税费""应付职工薪酬""生产成本""长期股权投资"应写明细科目，"生产成本""应交增值税"应写明细项目，未写的每处扣1分。报表只要求填写期末余额)

43. 湖南惠民电子有限公司地处长沙市雨花区，为增值税一般纳税人，增值税税率13%，企业所得税税率25%，城市维护建设税税率7%，教育费附加税率3%，地方教育附加税率2%。主要从事接收机和混合器的生产和销售，开户银行为中国光大银行长沙井湾子支行。

应收账款坏账准备核算采用余额百分比法，按月计提坏账准备，计提比例为5%，其他应收款项不计提坏账准备。

存货采用实际成本法核算，发出存货采用月末一次加权平均法计价。销售退回按月初的单价计算成本。每月末对货币资金、存货和固定资产进行全面清查。

公司有生产车间和机修车间(负责公司所有设备维修)2个车间。机修车间成本按各受益部门实际耗用的修理工时分配。公司采用品种法计算产品成本，成本项目为直接材料、直接人工和制造费用。制造费用按产品的生产工时分配，月末在产品成本和完工产品成本之间的分配采用约当产量法，原材料在生产开始时一次投入，月末在产品的完工程度为50%。任何成本、费用的分配先计算分配率，单位成本、各种分配率及金额的计算统一保留两位小数，尾差计入在产品成本和月末库存商品成本。

固定资产折旧采用直线法，固定资产折旧方法、折旧年限与税法的规定一致。

资料(一)

公司2022年4月30日科目余额表见表1，固定资产及折旧率明细表见表2。

表1　科目余额表

2022年4月30日　　　　单位：元

总账科目	明细科目	计量单位	数量	单价	借方余额	贷方余额
库存现金					9 750.00	
银行存款					3 397 220.50	
其他货币资金					480 000.00	
	银行汇票存款				300 000.00	
	存出投资款				180 000.00	
交易性金融资产					128 000.00	
	蓝思科技(成本)				120 000.00	
	蓝思科技(公允价值变动)				8 000.00	
应收票据					234 000.00	
	商业承兑汇票				175 500.00	
	银行承兑汇票				58 500.00	
应收账款					722 250.00	
	常德智能公司				108 500.00	
	江西永丰公司				87 250.00	

续表

总账科目	明细科目	计量单位	数量	单价	借方余额	贷方余额
	岳阳电子公司				234 000.00	
	汉口家华公司				66 500.00	
	湖北安达机械厂				226 000.00	
坏账准备	应收账款					36 112.50
其他应收款					5 500.00	
	销售部备用金				2 000.00	
	采购部陈新				3 500.00	
预付账款	南京志邦公司				20 000.00	
原材料					423 150.00	
	1#芯片	盒	220	200.00	44 000.00	
	2#芯片	盒	135	180.00	24 300.00	
	3#芯片	盒	240	300.00	72 000.00	
	4#芯片	盒	150	205.00	30 750.00	
	高频器	件	180	200.00	36 000.00	
	电感	件	200	65.00	13 000.00	
	机箱	件	1 630	70.00	114 100.00	
	线路板	件	1 240	30.00	37 200.00	
	铜丝	千克	850	56.00	47 600.00	
	电焊条	根	280	15.00	4 200.00	
周转材料					194 850.00	
	1#工具	只	610	150.00	91 500.00	
	2#工具	只	530	195.00	103 350.00	
库存商品					2 983 104.00	
	接收机	台	2 100	826.94	1 736 574.00	
	混合器	台	3 000	415.51	1 246 530.00	
合同资产	华菱钢铁厂				270 000.00	
长期股权投资					475 000.00	
	恒顺公司	成本(30 000股)			450 000.00	
		损益调整			25 000.00	
固定资产					18 265 000.00	
累计折旧						3 739 750.00
在建工程	生产车间扩建工程				815 000.00	
研发支出	资本化支出				62 000.00	
长期待摊费用	经营租入固定资产改良支出（剩余摊销时间为6个月）				60 000.00	

续表

总账科目	明细科目	计量单位	数量	单价	借方余额	贷方余额
短期借款	光大银行					200 000.00
应付票据						142 500.00
	商业承兑汇票					25 500.00
	银行承兑汇票					117 000.00
应付账款						1 135 270.00
	上海宝申公司					325 640.00
	湘潭钢铁公司					578 520.00
	南京合力有限公司					231 110.00
预收账款	南京嘉乐公司					10 000.00
应付职工薪酬						243 395.00
	工资					214 332.00
	职工教育经费					29 063.00
应交税费					297 200.00	
	应交增值税				297 200.00	
其他应付款	长沙旺坤公司保证金					25 000.00
应付利息						4 300.00
长期借款	建设银行					3 000 000.00
实收资本						15 500 000.00
资本公积						550 000.00
	资本溢价					250 000.00
	其他资本公积					300 000.00
盈余公积	法定盈余公积					865 329.00
本年利润						1 739 468.30
利润分配	未分配利润					2 078 584.60
生产成本					427 684.90	
	基本生产成本(接收机)				258 582.58	
	直接材料				197 032.12	
	直接人工				29 850.45	
	制造费用				31 700.01	
	基本生产成本(混合器)				169 102.32	
	直接材料				116 347.26	
	直接人工				23 091.86	
	制造费用				29 663.20	
合计					29 269 709.40	29 269 709.40

表 2 固定资产及折旧率明细表

2022 年 4 月 30 日　　　　单位：元

固定资产类别	使用部门				年折旧率
	管理部门	销售部门	生产车间	机修车间	
房屋、建筑物	1 220 000	258 000	2 957 900	904 100	2.4%
机器设备			5 470 000	906 000	9.5%
电子设备	323 500	75 700	1 243 200	1 230 600	19.5%
管理设备	25 510 600	220 000			15%
运输设备	965 400				12%

资料(二)

2022 年 5 月，公司发生如下经济业务：

① 5 日，采购部陈新报销差旅费，其中往返高铁车票 2 张，每张 436 元；增值税专用发票 1 张，注明住宿费 1 500 元，增值税 90 元；出差补贴 600 元，余款交回现金。(5 分)

② 6 日，从证券公司以每股 32 元购入 5 000 股爱尔眼科股票，另支付相关手续费等 500 元。(5 分)

③ 7 日，办公室报销业务招待费 2 100 元，取得增值税普通发票，注明业务招待费 1 981.13 元，增值税 118.87 元，出纳以现金付讫。(5 分)

④ 8 日，从上海宝申公司采购的材料验收入库。收到增值税专用发票注明：2#芯片 300 盒，金额 54 000 元，增值税 7 020 元；3#芯片 400 盒，金额 120 000 元，增值税 15 600 元；4#芯片 500 盒，金额 102 500 元，增值税 13 325 元；高频器 1 000 件，金额 200 000 元，增值税 26 000 元；线路板 500 件，金额 15 000 元，增值税 1 950 元。用上月办理的银行汇票结算，余款尚欠。(5 分)

⑤ 12 日，向江西华普公司销售混合器 400 台，开具增值税专用发票，售价 400 000 元，增值税 52 000 元；收到江西华普公司开出的不带息银行承兑汇票一张，票面金额为 452 000 元，期限为 2 个月；公司开具转账支票支付代垫运费，增值税专用发票上注明运输费 3 000 元，增值税 270 元，所垫运费尚未收到。(10 分)

⑥ 13 日，从南京志邦公司采购材料，收到增值税专用发票：电感 1 000 件，金额 65 000 元，增值税 8 450 元；铜丝 900 千克，金额 50 400 元，增值税 6 552 元；电焊条 1 000 根，金额 15 000 元，增值税 1 950 元。材料均验收入库。(5 分)

⑦ 15 日，经董事会研究决定，拟辞退职工 10 人，对自愿接受裁减建议的职工，补偿金额共计 100 000 元。(5 分)

⑧ 17 日，从江西锦湘器材厂采购材料，通过银行支付货款 83 620 元。收到增值税专用发票：1#芯片 200 盒，金额 38 000 元，增值税 4 940 元；2#芯片 200 盒，金额 36 000 元，增值税 4 680 元。另开具现金支票支付运输费 8 066 元，收到增值税专用发票注明：运输费 7 400元，增值税 666 元。原材料已验收入库。运输费按购买材料的实际成本分摊。(5 分)

⑨ 20 日，生产车间一台机器因生产技术落后需要淘汰，经批准报废。该设备已使用 8 年，账面原值 240 000 元，已计提折旧 182 400 元，取得残值变价收入 10 000 元，存入银行，收到增值税专用发票：价款 8 849.56 元，增值税 1 150.44 元。(10 分)

⑩ 20 日，收到湖北安达机械厂因质量问题退回的 100 台混合器(不含税单价 1 000 元)，验收入库，并按规定开具红字增值税专用发票。(10 分)

⑪ 22 日，收到 2020 年已作坏账转销的湖北达康公司 75 000 元应收账款，存入银行。(10 分)

⑫ 23 日，向华菱钢铁厂交付 200 台混合器，开具接收机 200 台、混合器 200 台的增值税专用发票。(上月 20 日，公司与华菱钢铁厂签订销售合同，向其销售接收机和混合器各 200 台，不含增值税的合同总价款为 450 000 元。合同约定，接收机于合同签订当日交付，混合器于一个月后交付，两项商品全部交付之后，公司才有权收取合同价款。接收机和混合器的单独不含税售价分别为 1 500 元和 1 000 元)(5 分)

⑬ 25 日，恒顺公司宣告 2021 年度股利分配方案为：每 10 股分派 2 元现金股利。(5 分)

⑭ 26 日，出售爱尔眼科全部股票，售价为 200 780 元。转让金融商品增值税税率为 6%，不考虑其他因素。(10 分)

⑮ 27 日，向株州电机厂销售接收机 500 台，每台不含税单价 1 500 元，给予 10% 的折扣，销售合同约定现金折扣条件为 2/10、n/30(计算现金折扣不考虑增值税)。公司已发出接收机并开具增值税专用发票。预计株州电机厂 10 天内付款的概率为 90%，10 天后付款的概率为 10%。(5 分)

⑯ 28 日，向江汉电机公司销售接收机 1 200 台，不含税单价 1 500 元；混合器 1 000 台，不含税单价 1 000 元。开具增值税专用发票，收到银行承兑汇票一张。(5 分)

⑰ 29 日，转账支付下年度财产保险费 74 200 元，收到增值税专用发票，财产保险费 70 000元，增值税 4 200 元。(5 分)

⑱ 31 日，计提借款利息。短期借款年利率 6%，长期借款年利率 6.75%，长期借款均用于生产车间扩建工程。(5 分)

⑲ 31 日，摊销长期待摊费用。(5 分)

⑳ 31 日，计提固定资产折旧。(5 分)

㉑ 31 日，计提坏账准备。(5 分)

㉒ 31 日，分配本月工资：接收机工人工资 118 115 元，混合器工人工资 175 332 元，机修车间人员工资 26 147.05 元，生产车间管理人员工资 18 103.03 元，行政管理人员工资 128 080 元，销售人员工资 119 550 元。(5 分)

㉓ 31 日，汇总本月领用材料：生产接收机领用 1#芯片 400 盒，2#芯片 400 盒，线路板 500 件，高频器 800 件，机箱 800 件；生产混合器领用 3#芯片 260 盒，4#芯片 320 盒，电感 700 件，铜丝 700 千克，机箱 800 件；生产车间一般消耗领用铜丝 400 千克，电焊条 350 根；机修车间领用电焊条 420 根，高频器 50 件，1#工具 280 只，2#工具 390 只。(5 分)

㉔ 31 日，转账支付生产车间扩建工程承包款 2 180 000 元，收到增值税专用发票：施工费 2 000 000 元，增值税 180 000 元。(5 分)

㉕ 31 日，分配辅助生产成本。生产车间修理工时 2 610 工时，行政管理部门修理工时 40 工时。(5 分)

㉖ 31 日，结转制造费用。本月生产接收机 3 000 工时，生产混合器 2 000 工时。(5 分)

㉗ 31 日，产品完工入库。本月投入生产接收机 1 200 台，完工 1 000 台，在产品 200 台；投入生产混合器 2 000 台，完工 1 600 台，在产品 400 台。(10 分)

㉘ 31 日，结转销售产品成本。(5 分)

㉙ 31 日，结转损益。(10 分)

要求：根据上述资料(一)(二)，完成以下财务工作。

(1) 编制会计分录。(共 29 小题，共 180 分)

(2) 编制 2022 年 5 月 31 日资产负债表。(需填列的报表项目，每空 2 分，共 56 分)

表 3　资产负债表(简表)

编制单位：湖南惠民电子有限公司　　2020 年 5 月 31 日　　单位：元

资　产	期末余额	上年末余额(略)	负债及所有者权益(或股东权益)	期末余额	上年末余(略)
流动资产：			流动负债：		
货币资金	①		短期借款	⑱	
交易性金融资产	②		应付票据	⑲	
应收票据	③		应付账款	⑳	
应收账款	④		预收款项	10 000	
预付款项	⑤		应付职工薪酬	㉑	
其他应收款	⑥		应交税费	㉒	
存货	⑦		其他应付款	㉓	
其他流动资产	⑧		一年内到期的非流动负债		
一年内到期的非流动资产	⑨				
流动资产合计	⑩		流动负债合计	㉔	
非流动资产：			非流动负债：		
长期股权投资	⑪		长期借款	3 000 000	
固定资产	⑫		非流动负债合计	3 000 000	
在建工程	⑬		负债合计	㉕	
开发支出	⑭		所有者权益：		
长期待摊费用	⑮		实收资本	15 500 000	
			资本公积	550 000	
			盈余公积	865 329	
			未分配利润	㉖	
非流动资产合计	⑯		所有者权益合计	㉗	
资产总计	⑰		负债和所有者权益总计	㉘	

学号：________ 班级：________ 姓名：________

密 封 线 内 不 要 答 题

湖南省2023年普通高等学校对口招生考试

财会类专业综合知识试题

本试题卷共四大题，43道小题，时量150分钟，满分390分

一、单选题(本大题共20小题，每小题2分，共40分。在每小题给出的四个选项中，只有一项是符合题目要求的)

1. 企业提供的会计信息应当以实际发生的经济业务为依据，如实反映财务状况和经营成果，这反映的会计信息质量要求是(　　)。

A. 可理解性　　B. 实质重于形式

C. 可靠性　　D. 可比性

2. 根据支付结算法律制度的规定，一般存款账户不得办理(　　)。

A. 现金缴存　　B. 现金支取

C. 借款归还　　D. 借款转存

3. “利润分配”所属的会计科目类别是(　　)。

A. 资产类　　B. 负债类

C. 所有者权益类　　D. 损益类

4. 振湘公司2022年1月1日权益总额350 000元，12月31日资产总额740 000元，2022年全年费用总额116 000元。不考虑其他因素，该公司2022年收入总额为(　　)。

A. 390 000元　　B. 466 000元

C. 506 000元　　D. 624 000元

5. 下列引起资产和负债同时减少的经济业务是(　　)。

A. 开出商业汇票抵付应付账款　　B. 以银行存款支付前欠货款

C. 收回应收账款存入银行　　D. 取得借款存入银行

6. 下列不通过“其他货币资金”账户核算的是(　　)。

A. 取得由本企业开户银行签发的银行汇票

B. 取得由本企业开户银行签发的银行本票

C. 由本企业签发并由开户银行承兑的商业汇票

D. 已存入证券专户，尚未进行投资的款项

7. 关于会计工作交接，说法不正确的是(　　)。

A. 会计人员工作调动或者因故离职，必须将本人所经管的会计工作全部移交给接替人员

B. 移交人员在办理移交时，要按移交清册逐项移交，接替人员要逐项核对点收

C. 移交清册一般应当填制一式三份，交接双方各执一份，存档一份，永久保管

D. 没有办清交接手续的，会计人员不得调动或者离职

8. 振湘公司原材料盘亏1 000元，经查明属于定额内损耗，按照规定报经批准予以转销时，应编制的会计分录是(　　)。

A. 借：待处理财产损溢　1 000

　贷：原材料　1 000

B. 借：待处理财产损溢　1 000

　贷：管理费用　1 000

C. 借：管理费用　1 000

　贷：待处理财产损溢　1 000

D. 借：营业外支出　1 000

　贷：待处理财产损溢　1 000

9. 在实地盘存制下，存货平时(　　)。

A. 只登记增加数，不登记减少数

B. 只登记减少数，不登记增加数

C. 既登记增加数，也登记减少数

D. 既不登记减少数，也不登记增加数

10. 关于会计档案保管期限，说法正确的是(　　)。

A. 从会计月份终了后的第一天算起

B. 从会计季度终了后的第一天算起

C. 从会计年度终了后的第一天算起

D. 从会计结账终了后的第一天算起

11. 振湘公司采用先进先出法核算发出材料成本。2023年5月1日结存硅料100公斤，单价150元/公斤。5月2日，购入硅料60公斤，单价155元/公斤。5月6日，发出硅料90公斤。5月8日，购入硅料80公斤，单价140元/公斤。5月15日，发出硅料100公斤。5月22日，购入硅料70公斤，单价160元/公斤。5月26日，发出硅料60公斤。购入硅料，均在当天验收入库。5月末结存硅料的实际成本为(　　)。

A. 8 600元　　B. 9 039元

C. 9 600元　　D. 1 200元

12. 大写金额“人民币肆万叁仟零伍拾元陆角整”，小写金额书写正确的是(　　)。

A. ￥43 050.60元　　B. ￥43 050.60

C. ￥43 050.6　　D. ￥43 050.6元

13. 下列应记入“其他应付款”账户的是(　　)。

A. 应付现金股利　　B. 应付租入包装物租金

C. 支付租入包装物的押金　　D. 应付购入材料款

14. 兼营房地产业的企业，销售房地产应缴纳的土地增值税记入(　　)。

A. “营业外支出”账户　　B. “其他业务成本”账户

C. “税金及附加”账户　　D. “管理费用”账户

15. 振湘公司以1 050万元取得利湘公司30%的股权且能够施加重大影响，在取得投资的当天，利湘公司可辨认净资产账面价值为4 000万元，公允价值为4 500万元。振湘公司该项长期股权投资的入账价值是(　　)。

A. 315 万元　　B. 1 050 万元　　C. 1 200 万元　　D. 1 350 万元

16. 根据消费税法律制度的规定，下列不征收消费税的是(　　)。

A. 卷烟　　B. 小汽车

C. 竹制一次性筷子　　D. 高档化妆品

17. 纳税人因计算错误，未缴或少缴税款累计数额在 10 万元以上的，税务机关可以追征税款的期限是(　　)。

A. 1 年　　B. 3 年　　C. 5 年　　D. 10 年

18. 振湘公司于 2021 年 5 月 20 日购入一台机器设备：①取得增值税专用发票，注明价款 600 000 元，增值税 78 000 元；②取得增值税专用发票，注明运输费 3 000 元，增值税 270 元，款项均以银行存款支付。该设备即日投入使用，预计可使用 5 年，预计净残值率 1%，采用双倍余额递减法计提折旧。2022 年该机器设备应计提折旧额为(　　)。

A. 143 272. 80 元　　B. 144 720 元

C. 183 070. 80 元　　D. 184 920 元

19. 关于财务大数据的应用，说法不正确的有(　　)。

A. 大数据是海量化、多样化、高价值的数据信息

B. 数据采集和数据对比是财务大数据应用的主要形式

C. 对财务信息实施大数据管理，可以实现企业财务信息的全面化管理

D. 数据采集后对数据进行对比分析从而实现大数据技术在财务领域中的应用

20. 2022 年 12 月 31 日，潇湘公司以每股 5 元的价格回购本公司股票 1 500 万股并注销，股票每股面值 1 元。回购前，潇湘公司股本 40 000 万元，资本公积(股本溢价)5 000 万元，盈余公积 1 100 万元，未分配利润 2 000 万元。回购并注销后，潇湘公司所有者权益总额为(　　)。

A. 32 500 万元　　B. 38 500 万元

C. 40 600 万元　　D. 47 500 万元

二、多选题(本大题共 20 小题，每小题 3 分，共 60 分。在每小题给出的四个选项中，有两项或两项以上是符合题目要求的。多选、少选均不给分)

21. 体现会计人员遵守“诚实守信”职业道德的有(　　)。

A. 不做假账　　B. 保守单位商业秘密

C. 优化公司各项财务管理制度　　D. 积极向单位领导提出合理化建议

22. 以会计恒等式为理论基础的有(　　)。

A. 复式记账　　B. 成本计算

C. 试算平衡　　D. 资产负债表的编制

23. 购进材料的核算，可能涉及的账户有(　　)。

A. 原材料　　B. 应交税费

C. 税金及附加　　D. 银行存款

24. 应记入“销售费用”账户的有(　　)。

A. 广告费　　B. 产品包装费

C. 委托代销支付的手续费　　D. 商品维修费

25. 销售产品可能涉及的原始凭证有(　　)。

A. 领料单　　B. 销售发票

C. 产品出库单　　D. 提货单

26. 在收款凭证上签字的有(　　)。

A. 制单人员　　B. 审核人员

C. 出纳人员　　D. 记账人员

27. 关于库存现金日记账和银行存款日记账的登记，说法正确的有(　　)。

A. 由出纳人员登记　　B. 根据审核后的收、付款凭证登记

C. 逐日逐笔序时登记　　D. 可以定期汇总登记

28. 采用科目汇总表账务处理程序时，月末与总分类账进行核对的账目有(　　)。

A. 库存现金日记账　　B. 银行存款日记账

C. 科目汇总表　　D. 各种明细分类账

29. 贷记“银行存款”账户时，借方账户可能是(　　)。

A. 应付职工薪酬　　B. 本年利润

C. 应付利息　　D. 原材料

30. 下列经济业务，可能会对营业利润产生影响的有(　　)。

A. 对出租的无形资产进行摊销　　B. 报废固定资产

C. 取得交易性金融资产　　D. 支付税款滞纳金

31. “现金及现金等价物”包括(　　)。

A. 库存现金　　B. 三个月内到期的国债

C. 不能随时用于支付的银行存款　　D. 可随时变现的股权投资

32. 属于会计核算方法的有(　　)。

A. 复式记账　　B. 填制和审核会计凭证

C. 财产清查　　D. 成本计算

33. 企业取得合同发生的增量成本不包括(　　)。

A. 参加投标的差旅费　　B. 投标费

C. 销售佣金　　D. 准备投标资料发生的费用

34. 下列说法正确的有(　　)。

A. 在有偿取得的土地上建造房屋建筑物时，土地使用权的账面价值应计入在建工程成本

B. 专利权申请过程中发生的专利登记费应计入无形资产成本

C. 自行研发无形资产开发阶段的所有支出均应计入无形资产成本

D. 自行研发无形资产无法可靠区分研究阶段和开发阶段的支出，全部计入管理费用

35. 下列引起应收账款账面价值发生变动的有(　　)。

A. 计提坏账准备　　B. 转销已确认无法收回的应收账款

C. 收回已转销的坏账　　D. 转出到期无法收回的“应收票据”

36. 利润表“本期金额”栏的填列，说法正确的有(　　)。

A. “营业收入”项目应根据“主营业务收入”和“其他业务收入”科目的发生额分析填列

B.“税金及附加”项目应根据“应交税费”科目的发生额分析填列

C.“研发费用”项目应根据“管理费用”科目下的“研发费用”和“无形资产摊销”明细科目的发生额分析填列

D.“资产处置收益”项目应根据“资产处置损益”科目的发生额分析填列

37. 辅助生产部门提供劳务发生的费用，期末在各受益部门之间进行分配，可能借记的账户有(　　)。

A. 生产成本　　B. 制造费用

C. 管理费用　　D. 在建工程

38. 流动资产盘亏，按照规定报经批准予以转销时，可能借记的账户有(　　)。

A. 待处理财产损溢　　B. 管理费用

C. 营业外支出　　D. 其他应收款

39. 海关负责征收的税种有(　　)。

A. 关税　　B. 进口环节增值税

C. 进口环节消费税　　D. 船舶吨税

40. 下列不征收增值税的有(　　)。

A. 存款利息　　B. 有偿铁路运输服务

C. 被保险人获得的保险赔付　　D. 物业公司代收的住宅专项维修资金

三、案例计算及解析题(本大题共2小题，每小题30分，共60分)

41. 湖南兴湘设备有限公司(居民企业)生产新能源汽车配件，是增值税一般纳税人，按月缴纳各种税费，2022年从业人员286人，资产总额4 000万元，注册资本1 000万元，2022年营业收入6 000万元，利润总额3 400万元，没有计提资产减值损失。2022年1—12月预缴企业所得税850万元。2023年5月25日，对2022年企业所得税进行汇算清缴，发现如下事项：

① 投资收益400万元，均为国债利息收入。

② 营业外支出65万元，其中，通过中国红十字会捐给目标扶贫地区40万元，税收滞纳金5万元，合同违约金20万元。

③ 管理费用中业务招待费140万元。

④ 2020年亏损3 000万元，2021年税前利润100万元。

要求：根据以上资料(无其他纳税调整事项)，回答下列问题。

(1) 事项①是否需要纳税调整？(2分)

(2) 请分别说明，事项②所列的三项营业外支出是否需要纳税调整？(6分)

(3) 事项③是否需要纳税调整？如果需要，调整金额是多少？(请写出计算分析过程)(6分)

(4) 计算本案例公司2022年纳税调整后应纳税所得额(请写出计算分析过程)。(2分)

(5) 计算2022年可以弥补的以前年度亏损(请写出计算分析过程)。(2分)

(6) 计算2022年应纳税所得额(请写出计算分析过程)。简述小型微利企业(从事国家非限制或禁止行业)需同时符合的3个条件。判断本案例公司是否为小型微利企业。(6分)

(7) 计算2022年本案例公司实际应纳所得税和2022年应补(退)所得税额(请写出计算分析过程)。(4分)

(8) 2023年5月25日对2022年企业所得税进行汇算清缴是否逾期？(2分)

42. 辣不怕公司从事餐饮服务业，2023年1月发生以下经济业务：

① 酒水以及菜品月初无库存，本月购入30万元，款项已支付，本月消耗5/6。

② 预付2023年全年店面租金24万元。

③ 支付上月员工工资10万元，计提本月员工工资12万元。

④ 支付本月水电费0.2万元。

⑤ 收现金50万元，其中：下月承办婚宴预收订金1万元；本月承办团建活动收取尾款2万元，上月已预收该团建活动订金0.5万元。

⑥ 赊销5万元。

⑦ 卫生抽检不合格被处以0.5万元罚款，款项尚未支付。

⑧ 本月闲置冷柜两台，账面价值为2万元/台。其中：一台对外出售，售价为2.2万元，款项已收到并存入银行；另一台对外出租，租期为1年，每月租金0.05万元，双方约定租金在租期开始时一次性支付。

要求：根据以上资料(不考虑其他情况)，回答下列问题。

（1）会计核算基础包括哪些？请简述它们的含义。（6 分）

（2）在不同的会计核算基础下，针对每一项经济业务逐一分析其对利润金额的影响。分别计算本案例中辣不怕公司 2023 年 1 月的利润金额。（18 分）

（3）请简要回答收入与利得的区别。（2 分）

（4）请分别指出业务⑧中出售和出租冷柜取得的经济利益流入属于收入还是利得？通过哪个账户核算？（4 分）

四、综合实务题。（本大题共 230 分，其中编制会计分录 190 分，编制资产负债表 40 分。“应收账款”“应交税费”“应付职工薪酬”“生产成本”应写明细科目，“生产成本”“应交增值税”应写明细项目，未写的每处扣 1 分。报表只要求填写期末余额）

43. 湖南环宇机械有限公司地处长沙市雨花区，为增值税一般纳税人，增值税税率 13%，企业所得税税率 25%，城市维护建设税税率 7%，教育费附加税率 3%，地方教育附加税率 2%。主要从事普通车床和刻模铣床的生产和销售，开户银行为中国建设银行长沙井泰支行。

应收账款坏账准备核算采用余额百分比法，按月计提坏账准备，计提比例为 5%，其他的应收款项不计提坏账准备。

存货采用实际成本法核算，存货的发出采用月末一次加权平均法计价。每月末对货币资金、存货和固定资产进行全面清查。

公司设置一个基本生产车间即铸造车间，主要生产普通车床和刻模铣床两种产品。设置

机修车间和配电车间两个辅助生产车间。机修车间负责维护和修理全厂的机器设备，成本按各受益部门实际耗用的修理工时分配。配电车间接受外来供电，负责记录全厂各单位用电量及电器修理等工作，成本按各受益部门实际耗用电量分配。辅助生产费用的分配采用交互分配法。公司采用品种法计算产品成本，成本项目为直接材料、直接人工和制造费用。月末在产品成本和完工产品成本之间的分配采用约当产量法。原材料在生产开始时一次投入，月末在产品的完工程度为 50%。工资和制造费用按实际工时比例分配，本月生产普通车床 2 000 工时，生产刻模铣床 3 000 工时。任何成本、费用的分配先计算分配率，单位成本、各种分配率及金额的计算统一保留两位小数，尾差计入管理费用、在产品成本和月末库存商品成本。

本公司固定资产中房屋及建筑物折旧采用年限平均法(直线法)按月计提，其余采用年数总和法。固定资产折旧方法、折旧年限(房屋及建筑物 20 年，机器设备 10 年，电子设备 5 年)与税法的规定一致。以往各年从未在 4 月新增固定资产。

资料(一)

公司 2023 年 4 月 30 日科目余额表见表 1、固定资产及累计折旧明细表见表 2。

表 1　科目余额表

2023 年 4 月 30 日

单位：元

总账科目	明细科目	计量单位	数量	单价	借方余额	贷方余额
库存现金					1 096. 50	
银行存款					1 732 527. 90	
其他货币资金					44 000. 00	
	银行汇票存款				44 000. 00	
应收票据					5 813 825. 00	
	银行承兑汇票				79 200. 00	
	商业承兑汇票				5 734 625. 00	
应收账款					1 018 333. 00	
	朝阳重型机械厂				120 000. 00	
	株州机电公司				898 333. 00	
预付账款					322 000. 00	
	长红钢铁公司				315 000. 00	
	保险费				7 000. 00	
其他应收款					14 200. 00	
	行政部备用金				1 400. 00	
	王月				9 800. 00	
	任民				3 000. 00	
坏账准备						50 916. 65
	应收账款					50 916. 65
原材料					2 006 982. 00	
	生铁	吨	100	2 300	230 000. 00	

续表

总账科目	明细科目	计量单位	数量	单价	借方余额	贷方余额
	圆钢	吨	90	3 000	270 000.00	
	焦炭	吨	30	470	14 100.00	
	原煤	吨	20	180	3 600.00	
	电机 Y123M	台	180	1 440	259 200.00	
	电机 AOB-25	台	400	260	104 000.00	
	轴承 D138	套	2 000	350	700 000.00	
	轴承 D462	套	2 700	138	372 600.00	
	标准件	个	2 000	20.5	41 000.00	
	油漆	桶	1 100	10	11 000.00	
	润滑油	桶	380	3.9	1 482.00	
周转材料					185 293.00	
	劳动保护用品(工作服)	套	20	35.9	718.00	
	劳动保护用品(劳保鞋)	双	68	30	2 040.00	
	劳动保护用品(耐热手套)	双	267	5	1 335.00	
	专用工具	把	4 000	45	180 000.00	
	包装箱	个	3	400	1 200.00	
库存商品					13 176 000.00	
	普通车床	台	340	24 000	8 160 000.00	
	刻模铣床	台	330	15 200	5 016 000.00	
长期股权投资					10 500 000.00	
	新东有限公司				10 500 000.00	
固定资产					16 700 000.00	
累计折旧						11 289 384.00
在建工程					32 351 860.00	
	铸造车间设备改建工程				159 000.00	
	新车间建设工程				32 192 860.00	
无形资产					2 742 000.00	
	专利权				180 000.00	
	专有技术				42 000.00	
	土地使用权				2 520 000.00	
累计摊销						984 200.00
	专利权摊销					52 500.00
	专有技术摊销					14 700.00
	土地使用权摊销					917 000.00
短期借款						1 360 000.00

续表

总账科目	明细科目	计量单位	数量	单价	借方余额	贷方余额
	建设银行					1 360 000.00
应付票据						206 145.00
	银行承兑汇票					206 145.00
合同负债						445 000.00
	沈阳机电公司					159 000.00
	上海机械厂					286 000.00
应付职工薪酬						512 160.00
	工资					340 000.00
	医疗保险费					26 520.00
	设定提存计划(失业保险)					1 700.00
	设定提存计划(养老保险)					54 400.00
	工伤保险费					1 020.00
	住房公积金					40 800.00
	工会经费					2 720.00
	职工教育经费					45 000.00
应交税费					264 584.60	
	应交增值税				264 584.60	
应付利息						9 860.00
	建设银行—短期借款					9 860.00
其他应付款						2 500.00
	湘江机械厂					2 500.00
长期借款						1 460 000.00
	建设银行(本金)					1 460 000.00
实收资本						50 000 000.00
盈余公积						2 525 325.00
	法定盈余公积					1 683 550.00
	任意盈余公积					841 775.00
本年利润						5 227 275.00
利润分配						13 192 190.35
	未分配利润					13 192 190.35
生产成本					392 254.00	
	基本生产成本(普通车床)				294 304.00	
	直接材料				206 013.00	
	直接人工				60 370.00	
	制造费用				27 921.00	
	基本生产成本(刻模铣床)				97 950.00	

续表

总账科目	明细科目	计量单位	数量	单价	借方余额	贷方余额
	直接材料				48 673.00	
	直接人工				35 845.00	
	制造费用				13 432.00	
合计					87 264 956.00	87 264 956.00

表 2 固定资产及累计折旧明细表

2023 年 4 月 30 日　　单位：元

部门	资产类别	2023 年 1 月初固定资产原值	2023 年 1 月初累计折旧	2023 年 4 月末固定资产原值	2023 年 4 月末累计折旧	2023 年 4 月计提折旧
铸造车间	房屋及建筑物	4 000 000	2 420 001	4 000 000	2 446 669	6 667
	机器设备	4 900 000	4 154 191	4 900 000	4 207 187	11 741
	未使用设备	900 000	474 918	900 000	497 726	6 926
	办公设备	100 000	52 770	100 000	55 306	758
	小计	9 900 000	7 101 880	9 900 000	7 206 888	26 092
机修车间	房屋及建筑物	2 400 000	1 452 000	2 400 000	1 468 000	4 000
	机器设备	120 000	91 663	120 000	93 185	455
	小计	2 520 000	1 543 663	2 520 000	1 561 185	4 455
配电车间	房屋及建筑物	2 400 000	1 452 000	2 400 000	1 468 000	4 000
	机器设备	200 000	152 770	200 000	155 306	650
	小计	2 600 000	1 604 770	2 600 000	1 623 306	4 650
管理部门	房屋及建筑物	564 000	341 220	564 000	344 980	940
	办公设备	800 000	422 147	800 000	442 420	6 060
	其他	199 000	105 537	199 000	110 605	1 515
	一体机电脑(无残值)	0	0	117 000	0	0
	小计	1 563 000	868 904	1 680 000	898 005	8 515
合计		16 583 000	11 119 217	16 700 000	11 289 384	43 712

资料(二)

2023 年 5 月，公司发生如下经济业务：

① 2 日，开出现金支票 1 199 元，报销销售部宣传用品费。收到增值税专用发票，注明宣传用品费 1 100 元，增值税 99 元。(5 分)

② 4 日，收株州机电公司前欠货款 798 333 元。(5 分)

③ 5 日，向汉口机电公司销售普通车床 10 台，金额 423 000 元，增值税 54 990 元，转账支付代垫运费 3 200 元，全部款项已经办妥托收手续。(5 分)

④ 6 日，从长红钢铁公司采购的部分材料验收入库。收到增值税专用发票注明：圆钢 30 吨，金额 73 350 元，增值税 9 535.5 元；运费 4 650 元，增值税 418.50 元。(5 分)

⑤ 8 日，销售部任民报销差旅费，其中往返高铁票 2 张，每张 418.00 元；增值税专用发票 1 张，注明住宿费 1 200 元，增值税 72 元；市内交通费 140 元；出差补助 700 元，余款交回现金。(5 分)

⑥ 8 日，转账支付上月职工工资 263 440 元，代扣个人应该承担的住房公积金 40 800 元，医疗保险 6 800 元，失业保险 1 700 元，养老保险 27 200 元，个人所得税 60 元，合计 340 000 元。(5 分)

⑦ 10 日，转账支付企业负担及代扣职工个人的住房公积金 81 600 元、医疗保险 33 320 元、失业保险 3 400 元、养老保险 81 600 元和工伤保险 1 020 元。(5 分)

⑧ 10 日，向江西机械厂销售普通车床 35 台，单价 42 300 元，金额 1 480 500 元，增值税 192 465 元；刻模铣床 40 台，单价 40 000 元，金额 1 600 000 元，增值税 208 000 元，合同约定，安装调试合格一个月后支付货款。(5 分)

⑨ 8 日，从长红钢铁公司采购的材料验收入库。收到增值税专用发票注明：生铁 50 吨，金额 110 000 元，增值税 14 300 元；润滑油 95 桶，金额 380 元，增值税 4 940 元；轴承 100 套(D138)，金额 33 500 元，增值税 4 355 元；原煤 30 吨，金额 5 100 元，增值税 663 元；焦炭 20 吨，金额 9 300 元，增值税 1 209 元，收到运输专用发票注明运费 15 828 元，增值税 1 424.52元。运输费按购买材料的实际成本分摊。(5 分)

⑩ 13 日，转账支付劳保用品费用 1 670 元(劳保鞋 50 双，金额 1 618 元，耐热手套 10 双，金额 52 元)及增值税 217.1 元。收到增值税专用发票，劳保鞋和耐热手套均验收入库。(5 分)

⑪ 16 日，用银行存款归还短期借款本金 1 360 000 元和利息。(2023 年 2 月 15 日借入，年利率 4.35%)(5 分)

⑫ 17 日，将应收票据 79 200 元贴现，款项收存银行。(出票日 2023 年 2 月 17 日，到期日 2023 年 8 月 17 日，贴现率 8.3%)(5 分)

⑬ 18 日，转账支付总经理柯云海的房租 3 500 元。(10 分)

⑭ 20 日，转账支付机修车间技术服务费 9 200 元及增值税 552 元，收到增值税专用发票。(5 分)

⑮ 21 日，转账支付诉讼费 3 306 元。(5 分)

⑯ 25 日，转账支付本月电费。收到供电公司开具的增值税专用发票，注明电费53 000 元，增值税 6 890 元。(5 分)

⑰ 25 日，转账支付本月水费。收到自来水公司开具的增值税专用发票，注明水费 1 550.00元，增值税 139.5 元。(本月铸造车间用水 150 立方米，机修车间用水 40 立方米，配电车间用水 30 立方米，管理部门用水 90 立方米)(5 分)

⑱ 26 日，销售 3 吨圆钢给中南机械厂，金额 11 000 元，增值税 1 430 元，全部款项存入银行。(5 分)

⑲ 31 日，计提本月固定资产折旧。(5 分)

⑳ 31 日，分配本月工资：铸造车间普通车床的生产工人工资 145 920 元，刻模铣床的生产工人工资 218 880 元，机修车间人员工资 38 200 元，配电车间人员工资 28 000 元，铸造车间管理人员工资 84 200 元，行政管理人员工资 73 000 元，销售人员工资 67 000 元。(5 分)

㉑ 31 日，汇总本月领用材料：生产普通车床领用生铁 35 吨，圆钢 22.5 吨，焦炭 15 吨，原煤 10 吨，润滑油 150 桶，轴承(D462)500 套；生产刻模铣床领用生铁 15 吨，圆钢 11.5 吨，焦炭 10 吨，原煤 5 吨，润滑油 100 桶，轴承(D138)100 套；生产车间一般消耗领用焦炭 5 吨，原煤 5 吨；机修车间领用圆钢 2 吨，标准件 50 个，润滑油 30 桶；销售部门销售圆钢 3 吨。(5 分)

㉒ 31 日，转账支付购买支票工本费 35 元、进账单工本费 2 元和回单箱年费 240 元。(5 分)

㉓ 31 日，转账支付职工培训费。收到增值税专用发票，注明培训费 29 456 元，增值税 1 767.36元。(5 分)

㉔ 31 日，车间一台机器设备报废。该设备原值 85 000 元，已计提折旧 74 000 元，支付清理费 4 500 元，结转清理净损益。(15 分)

㉕ 31 日，计提坏账准备。(5 分)

㉖ 31 日，分配辅助生产成本。本月耗电量：铸造车间 40 000 度，机修车间 8 000 度，管理部门 12 000 度。本月修理工时：铸造车间 39 000 工时，行政管理部门 5 000 工时，配电车间 6 000 工时。(10 分)

㉗ 31 日，结转制造费用。本月生产普通车床 2 000 工时，生产刻模铣床 3 000 工时。(5 分)

㉘ 31 日，产品完工入库。月初普通车床在产品 10 台，本月投入生产 30 台，完工 30 台，月末在产品 10 台；月初刻模铣床在产品 5 台，本月投入生产 45 台，完工 30 台，月末在产品 20 台。(10 分)

㉙ 31 日，结转本月销售产品成本。(5 分)

㉚ 31 日，结转未交增值税。(5 分)

㉛ 31 日，计提城市维护建设税、教育费附加、地方教育附加。(5 分)

㉜ 31 日，结转损益。(10 分)

要求：根据上述资料(一)(二)，完成以下财务工作。

(1) 编制会计分录。(32 小题，共 190 分)

(2) 编制 2023 年 5 月 31 日资产负债表。(需填列的报表项目，每空 2 分，共 40 分)

表 3　资产负债表(简表)　　　　**会企 01 表**

编制单位：湖南环宇机械有限公司　　　2023 年 5 月 31 日　　　　单位：元

资　产	期末余额	期初余额(略)	负债和所有者权益	期末余额	期初余额(略)
流动资产：			流动负债：		
货币资金	①		短期借款	⑪	
交易性金融资产			应付票据	⑫	
应收票据	②		应付账款		
应收账款	③		合同负债	⑬	
预付款项	④		应付职工薪酬	⑭	

续表

资　产	期末余额	期初余额(略)	负债和所有者权益	期末余额	期初余额(略)
其他应收款	⑤		应交税费	⑮	
存货	⑥		其他应付款	2 500.00	
合同资产	⑦		一年内到期的非流动负债		
其他流动资产			流动负债合计	⑯	
一年内到期的非流动资产			非流动负债：		
流动资产合计	⑧		长期借款	1 460 000.00	
非流动资产：			非流动负债合计	1 460 000.00	
长期股权投资	10 500 000.00		负债合计	⑰	
固定资产	⑨		所有者权益：		
在建工程	32 351 860.00		实收资本	50 000 000.00	
无形资产	1 757 800.00		资本公积		
长期待摊费用			盈余公积	2 525 325.00	
递延所得税资产			未分配利润	⑱	
非流动资产合计	⑩		所有者权益合计	⑲	
资产总计	⑳		负债和所有者权益总计	㉑	

学号：________ 班级：________ 姓名：________

密 封 线 内 不 要 答 题

湖南省 2024 年普通高等学校对口招生考试

财会类专业综合知识试题

本试题卷共四大题，43 道小题，共 12 页。时量 150 分钟，满分 390 分

一、单选题(本大题共 20 小题，每小题 2 分，共 40 分。在每小题给出的四个选项中，只有一项是符合题目要求的)

1. 下列应采用重置成本进行计量的是(　　)。

A. 分期付款方式购买固定资产的初始计量

B. 债权投资的期末计量

C. 盘盈固定资产的初始计量

D. 库存商品的期末计量

2. 古冬稼、顾东怡、谷洞宾三人各出资 100 万元成立公司，注册资本为 300 万元。公司经营两年以后，留存收益为 50 万元。此时，辜东鼎出资 140 万元入股公司，占公司 25%的股份。上述应记入"资本公积"账户的金额是(　　)。

A. 10 万元　　B. 40 万元　　C. 82.5 万元　　D. 105 万元

3. 下列属于记账凭证基本内容的是(　　)。

A. 数量和单价　　B. 单位负责人的签字

C. 填制凭证的单位名称　　D. 应借应贷的会计科目

4. 下列不属于资产负债表项目的是(　　)。

A. 递延收益　　B. 未分配利润

C. 其他综合收益　　D. 综合收益总额

5. 下列属于税收保全措施的是(　　)。

A. 抵押　　B. 质押　　C. 保证　　D. 扣押

6. 下列关于增值税纳税义务发生时间说法正确的是(　　)。

A. 进口货物，为从海关提货的当天

B. 转让金融商品，为金融商品所有权转移的当天

C. 采取分期收款方式销售货物，为书面合同签订的当天

D. 采用直接收款方式销售货物，为货物发出的当天

7. 支付的税款滞纳金应记入(　　)。

A. "管理费用"账户　　B. "财务费用"账户

C. "税金及附加"账户　　D. "营业外支出"账户

8. 咨询服务费应记入(　　)。

A. "主营业务收入"账户　　B. "合同资产"账户

C. "合同履约成本"账户　　D. "合同负债"账户

9.《会计档案管理办法》规定，银行对账单的保管期限为(　　)。

A. 5 年　　B. 10 年　　C. 20 年　　D. 30 年

10. 下列行为视同销售货物征收增值税的是(　　)。

A. 高桥玩具厂将自产的玩具无偿赠送给儿童福利院

B. 高桥家居城将自产的凳子销售给员工

C. 高桥商贸公司将外购的啤酒用于交际应酬

D. 高桥茶业公司将外购的茶叶生产成黑茶

11. 笃行公司自成立以后第一年亏损 20 万元，第二年税前利润 5 万元，第三年税前利润 2 万元，第四年亏损 6 万元，第五年亏损 4 万元，第六年税前利润 3 万元，第七年亏损 4 万元，第八年税前利润 50 万元。笃行公司适用的企业所得税税率为 25%。假设不考虑其他因素，笃行公司第八年净利润为(　　)。

A. 27 万元　　B. 41 万元　　C. 37.5 万元　　D. 43.5 万元

12. 库存商品的月初余额为 30 万元，本月购进 90 万元，本月销售收入 138 万元，销售折让 3 万元。上月扣除销售折让以后的毛利率为 20%。假设不考虑其他因素，采用毛利率法对库存商品进行核算，库存商品的月末余额为(　　)。

A. 9.6 万元　　B. 12 万元　　C. 15 万元　　D. 18 万元

13. 南强公司于 1 月 1 日以银行存款 2 000 万元取得白城公司 25%的股份，另外以银行存款支付手续费 200 万元，能够对白城公司施加重大影响。白城公司当日可辨认净资产的公允价值为 10 000 万元，当年实现净利润 2 000 万元，其他综合收益减少 40 万元。假设不考虑其他因素，南强公司"长期股权投资"账户的年末余额为(　　)。

A. 2 690 万元　　B. 2 990 万元　　C. 3 000 万元　　D. 4 460 万元

14. 思源公司实际已缴税金情况如下：增值税 1 000 万元，消费税 100 万元，城市维护建设税 77 万元，房产税 3 万元，车船税 0.5 万元，印花税 2 万元。上述实际已缴税金应记入"应交税费"账户借方的金额是(　　)。

A. 1 177 万元　　B. 1 180 万元　　C. 1 180.5 万元　　D. 1 182.5 万元

15. 下列会引起现金流量净额发生变动的是(　　)。

A. 从银行提取现金　　B. 用银行存款购买三个月到期的国债

C. 用库存商品抵偿到期债务　　D. 用银行存款偿还短期借款

16. 将自产的煤炭用于产品生产，按规定缴纳的资源税应记入(　　)。

A. "生产成本"账户　　B. "销售费用"账户

C. "税金及附加"账户　　D. "管理费用"账户

17. 公司同时购进普通机床、冲压机床、刻模铣床各一台，取得增值税专用发票注明价款 1 200 000 元，增值税 156 000 元，取得运输专用发票注明运费 20 000 元，增值税 1 800 元。普通机床在安装过程中，领用原材料 20 000 元，支付安装费 3 000 元。普通机床、冲压机床、刻模铣床的公允价值分别为 450 000 元、500 000 元、650 000 元。假设不考虑其他因素，普通机床的入账价值为(　　)。

A. 337 500 元　　B. 343 125 元　　C. 360 500 元　　D. 366 125 元

18. 海韵公司于 10 月 1 日承接一项安装工程，安装期 5 个月，合同总收入 60 万元。当年预收款项 30 万元，余款将在安装完毕时收取，当年实际发生成本 28 万元，预计还将发生成

本12万元。年末经过专业测量确定完工进度为60%，海韵公司按照实际测量的完工进度确定履约进度。假设不考虑其他因素，该项工程对海韵公司当年利润总额的影响为(　　)。

A. 利润总额增加2万元　　B. 利润总额增加8万元

C. 利润总额增加12万元　　D. 利润总额增加20万元

19. 下列关于结转本年利润说法正确的是(　　)。

A. 表结法下，无须设置"本年利润"科目

B. 表结法下，各损益类科目每月月末无须结出本月发生额和月末累计余额，直接通过利润表计算反映各期的利润(或亏损)

C. 账结法下，每月月末需编制转账凭证，将在账上结出的各损益类科目的余额转入"本年利润"科目

D. 账结法下，只有在年末才将全年累计余额转入"本年利润"科目

20. 下列会引起企业银行存款日记账余额大于银行对账单余额的是(　　)。

A. 企业开出支票但收款人尚未到银行兑现

B. 银行扣划借款利息但企业尚未收到扣款通知

C. 银行误将其他公司存款记入企业银行账户

D. 银行收到托收货款但企业尚未收到收款通知

二、多选题(本大题共20小题，每小题3分，共60分。在每小题给出的四个选项中，有两项或两项以上是符合题目要求的。多选、少选均不给分)

21. 下列关于会计职业道德说法正确的有(　　)。

A. "坚持诚信，守法奉公"是对会计人员的自律要求

B. "坚持准则，守责敬业"是对会计人员的履职要求

C. "坚持学习，守正创新"是对会计人员的发展要求

D. 会计职业道德的核心是诚信

22. 下列符合谨慎性要求的有(　　)。

A. 无形资产计提减值准备

B. 存货期末计价采用成本与可变现净值孰低法

C. 采用年数总和法计提固定资产折旧

D. 交易性金融资产期末采用公允价值计量

23. 下列账户在借方表示增加的有(　　)。

A. "长期待摊费用"账户　　B. "研发支出"账户

C. "合同取得成本"账户　　D. "投资收益"账户

24. 东苑公司为增值税一般纳税人，适用的增值税税率为13%。东苑公司将自产的高档化妆品作为福利发放给职工，该批产品的成本为300 000元，市场价为500 000元，适用的消费税税率为15%。假设不考虑其他因素，下列账务处理正确的有(　　)。

A. 借记"税金及附加"科目75 000元

B. 借记"应付职工薪酬—职工福利费"科目365 000元

C. 贷记"应交税费—应交增值税(销项税额)"科目65 000元

D. 贷记"应交税费—应交消费税"科目45 000元

25. 下列说法正确的有(　　)。

A. 库存现金日记账必须逐日结出余额

B. 实行会计电算化的单位可以仅以电子形式保存会计账簿

C. 债权债务明细账余额与对方单位债权债务账面记录的核对属于账账核对

D. 会计账簿一律禁止携带外出

26. 企业会计准则体系包括(　　)。

A. 基本准则　　B. 具体准则

C. 准则解释　　D. 会计处理规定

27. 会计职业联合惩戒措施包括(　　)。

A. 对会计领域违法失信当事人，限制其取得相关从业任职资格，限制获得认证证书

B. 对会计领域违法失信当事人，将其信息通过财政部网站、"信用中国"网站予以发布

C. 对会计领域违法失信当事人，在其被招录(聘)为公务员过程中实行违法失信记录"一票否决制"

D. 对严重失信会计人员，属于国家工作人员的，由其所在单位或者有关单位依法给予警告甚至降级的行政处分

28. 下列应根据职工提供服务的受益对象计入成本费用的有(　　)。

A. 辞退福利　　B. 津贴补贴

C. 职工教育经费　　D. 职工基本医疗保险

29. 计提长期借款利息可能涉及的账户有(　　)。

A. 财务费用　　B. 在建工程

C. 应付利息　　D. 长期借款

30. 原材料盘亏报经管理部门批准后可能转入(　　)。

A. "管理费用"账户　　B. "其他应收款"账户

C. "营业外支出"账户　　D. "应付账款"账户

31. 采用自营方式建造办公楼，应计入办公楼成本的有(　　)。

A. 工程耗用的工程物资

B. 工程耗用的水电费

C. 工程领用本企业自产产品涉及的增值税销项税额

D. 办公楼达到预定可使用状态前发生的工程物资盘亏净损失

32. 下列应记入"管理费用"账户的有(　　)。

A. 自然灾害造成的流动资产净损失　　B. 诉讼费

C. 筹建期间发生的开办费　　D. 中介机构咨询费

33. 下列应记入"利润分配"账户的有(　　)。

A. 对外宣告分配现金股利　　B. 提取法定盈余公积

C. 盈余公积弥补亏损　　D. 本年实现净利润

34. 下列会引起流动负债发生变动的有(　　)。

A. 支付租入包装物押金　　B. 计提分期付息到期还本债券的利息

C. 购入应税消费品支付的消费税　　D. 计提工会经费

35. 会计软件的功能包括(　　)。

A. 为会计核算、财务管理直接采集数据

B. 生成会计凭证、账簿、报表等会计资料

C. 审核会计资料

D. 对会计资料进行转换、输出、分析、利用

36. 购进固定资产支付的下列税费应计入其成本的有(　　)。

A. 进口关税　　B. 契税　　C. 车辆购置税　　D. 车船税

37. 下列应计入期间费用的有(　　)。

A. 生产车间领用低值易耗品　　B. 银行存款利息收入

C. 银行承兑汇票的手续费　　D. 业务招待费

38. 下列属于制造业企业营业收入的有(　　)。

A. 销售材料取得的收入　　B. 出租固定资产取得的收入

C. 出售固定资产取得的收入　　D. 没收出租包装物押金取得的收入

39. 下列关于全面数字化电子发票说法正确的有(　　)。

A. 全面数字化电子发票的法律效力、基本用途等与现有纸质发票相同

B. 全面数字化电子发票无联次

C. 全面数字化电子发票由国家税务总局监制

D. 试点纳税人可以通过电子发票服务平台自动交付全面数字化电子发票，也可以通过电子邮件、二维码等方式自行交付全面数字化电子发票

40. 下列关于个人所得税专项附加扣除说法正确的有(　　)。

A. 2023 年 1 月 1 日起，子女教育项目按照每个子女每月 2 000 元的标准定额扣除

B. 2023 年 1 月 1 日起，赡养老人项目按照每个老人每月 3 000 元的标准定额扣除

C. 2023 年 1 月 1 日起，3 岁以下婴幼儿照护项目按照每个幼儿每月 2 000 元的标准定额扣除

D. 2023 年 1 月 1 日起，继续教育项目在取得相关证书次年按照 3 600 元定额扣除

三、案例计算及解析题(本大题共 2 小题，41 题 25 分，42 题 42 分，共 67 分)

41. 凌云公司为增值税一般纳税人，适用的增值税税率为 13%，原材料采用计划成本法核算。圆钢的计划成本为 21 元/千克。2024 年 5 月相关业务如下：

① 上月结存圆钢 500 千克，实际成本为 20.5 元/千克。

② 5 日，以不含税单价 22.5 元/千克采购圆钢 800 千克，收到增值税专用发票，以银行存款支付所有款项。

③ 8 日，以银行存款支付 5 日采购的圆钢的运杂费 1 100 元，收到增值税普通发票，该材料验收入库。

④ 12 日，生产部门领用圆钢 1 000 千克。

⑤ 18 日，以不含税单价 20 元/千克采购圆钢 1 210 千克，收到增值税专用发票，相关款项尚未支付。

⑥ 20 日，18 日采购的圆钢实际入库 1 200 千克，10 千克为额定范围内的自然损耗。

⑦ 24 日，生产部门领用圆钢 900 千克。

⑧ 31 日，因管理不当导致个别仓库被盗，凌云公司当天组织清查工作小组对这些仓库进行盘点，确定圆钢损失 500 千克。

要求：根据以上资料(不考虑其他情况)，完成下列任务。

(1) 请编制业务②和业务③的会计分录。(6 分)

(2) 请编制业务⑤和业务⑥的会计分录。(4 分)

(3) 请编制业务⑧的会计分录。(2 分)

(4) 请计算本月圆钢的成本差异率、本月发出圆钢应负担的成本差异、本月被盗圆钢应负担的成本差异以及月末结存圆钢的实际成本。(8 分)

(5) 请指出业务⑧中涉及的财产清查按照清查范围、清查时间和清查执行系统分类分别属于哪个种类。(3 分)

(6) 请编制结转材料成本差异的会计分录。(2 分)

42. 2024 年 5 月，勤业公司发生以下经济业务：

① 1 日，勤业公司以银行存款 10 193 284 元购入债券，将该债券划分为以摊余成本计量的金融资产。该债券面值为 10 000 000 元，票面年利率为 6%(不计复利)，期限为 3 年，偿还方式为到期一次还本付息。当日实际利率为 5%。会计分录如下：

借：债权投资—面值	10 000 000
营业外支出	193 284
贷：银行存款	10 193 284

② 10 日，勤业公司由于技术革新对外出售一台机器设备。当日，该机器设备已清理完毕，“固定资产清理”账户为贷方余额 20 000 元，现需要结转清理净损益。会计分录如下：

借：固定资产清理	20 000
贷：资产处置损益	20 000

③ 15 日，勤业公司开始推行一项积分奖励计划。根据该计划，勤业公司每对外销售 10 元就奖励给相应的客户 1 个积分，每个积分从次月开始可以抵扣 1 元。当日，对外销售商品 500 件，单位售价为 300 元/件，款项已收存银行。勤业公司估计积分兑换率为 20%。本业务不考虑相关税费。会计分录如下：

借：银行存款	150 000
贷：主营业务收入	150 000

④ 25 日，勤业公司安排内部的生产人员安装一台新的机器设备，工资费用为 2 500 元。会计分录如下：

借：生产成本	2 500
贷：应付职工薪酬	2 500

⑤ 30 日，会计人员根据业务①中的债券面值和票面年利率计算 5 月的利息收入为 50 000 元，会计分录如下：

借：债权投资—应计利息	50 000
贷：财务费用	50 000

要求：根据以上资料(不考虑其他情况)，完成下列任务。

(1) 请判断业务①~⑤的会计分录是否正确，如果不正确请简述理由并编制正确的会计分录(分配率保留四位小数，计算结果保留整数)。(28 分)

(2) 请简述营业利润和利润总额的区别，并分析业务②中“固定资产清理”的贷方余额转入“营业外收入”或“资产处置损益”，两种会计处理下最终得出的营业利润和利润总额是否存在差异。(8 分)

(3) 记账凭证按照其反映的经济内容可以划分为哪几类？并指出业务①~⑤应当编制哪一类记账凭证。(6 分)

四、实务综合题(本大题共 223 分，其中编制会计分录 165 分，编制资产负债表 58 分。“应收账款”“应付账款”“应交税费”“生产成本”“长期股权投资”应写明细科目，“生产成本”“应交增值税”应写明细项目，未写的每处扣 1 分。资产负债表只要求填写期末余额)

43. 湖南光明陶瓷公司地处长沙市雨花区，为增值税一般纳税人，主要从事瓷球和瓷砖的生产、加工和销售，开户银行为中国建设银行长沙环保支行。增值税税率 13%，企业所得税税率 25%，城市维护建设税税率 7%，教育费附加税率 3%，地方教育附加税率 2%。房产税和城镇土地使用税均按月计提，按季度缴纳。房产税为从价计征，全年应交房产税额按照房产原值减除 30%后的余值计算缴纳，年税率为 1.2%。城镇土地使用税按照每年每平方米 15 元计算，计税总面积 7 500 平方米。

应收账款坏账准备核算采用余额百分比法，按月计提坏账准备，计提比例为 5%，其他的应收款项不计提坏账准备。

存货采用实际成本法核算。库存商品的发出采用先进先出法计价，原材料、周转材料等其他存货的发出采用月末一次加权平均法计价。

每月末对货币资金、存货和固定资产进行全面清查。

公司设置一个基本生产车间，主要生产瓷球和瓷砖两种产品。机修车间为辅助生产车间。机修车间负责维护和修理全公司的机器等设备，发生的费用直接计入制造费用。公司采用品种法计算产品成本，成本项目为直接材料、直接人工和制造费用。月末在产品成本和完工产品成本之间的分配采用约当产量法。原材料在生产开始时一次投入，月末在产品的完工程度

为50%。制造费用按实际工时比例分配，本月生产瓷球2 000工时，生产瓷砖3 000工时。任何成本、费用的分配先计算分配率，单位成本、各种分配率的计算统一保留4位小数，尾差计入管理费用、在产品成本和月末库存商品成本。

固定资产中，运输工具折旧采用双倍余额递减法，其余采用年限平均法(直线法)。净残值率4%。固定资产折旧方法、折旧年限(房屋及建筑物20年，机器设备10年，运输工具4年，电子设备5年)、净残值率与税法的规定一致。

无形资产为2024年1月1日新研发成功的专利权，采用直线法摊销，摊销期10年。

短期借款为2024年2月1日从中国建设银行借入，期限5个月，年利率6%；长期借款为2024年4月1日从中国建设银行借入，期限3年，年利率7.2%，用于扩大经营规模。短期借款和长期借款的利息均按月计提，每季度末支付。

资料(一)

2024年4月30日科目余额表见表1，固定资产及累计折旧明细表见表2。

表1　科目余额表

2024年4月30日　　　　单位：元

总账科目	明细科目	计量单位	数量	单价	借方余额	贷方余额
库存现金					19 000.00	
银行存款					9 560 423.00	
其他货币资金					712 700.00	
	银行汇票存款				120 000.00	
	存出投资款				592 700.00	
应收票据	银行承兑汇票				835 000.00	
应收账款					800 000.00	
	湖南立得公司				600 000.00	
	长沙爱信公司				200 000.00	
预付账款	郑州万科公司				339 000.00	
其他应收款	苏晓晓				6 000.00	
在途物资	氧化铝粉	千克	20 700	10	207 000.00	
坏账准备	应收账款					40 000.00
原材料					1 080 000.00	
	氧化铝粉	千克	90 000	10	900 000.00	
	铬粉	千克	5 200	25	130 000.00	
	锰粉	千克	1 250	40	50 000.00	
周转材料					51 000.00	
	包装袋	只	2 230	20	44 600.00	
	纸箱	个	1 280	5	6 400.00	
库存商品					11 380 000.00	
	瓷球	千克	20 000	400	8 000 000.00	
	瓷砖	千克	6 760	500	3 380 000.00	
固定资产					27 368 750.00	
累计折旧						3 606 450.00
无形资产	专利权				390 000.00	
累计摊销	专利权摊销					9 750.00
递延所得税资产					78 654.50	
短期借款	建设银行					800 000.00
应付票据	银行承兑汇票					2 600 000.00
应付账款						820 000.00
	合肥利达公司					50 000.00
	苏州京贸公司					620 000.00
	暂估款(怀化陶瓷公司)					150 000.00
合同负债	大连慧巧公司					203 400.00
应付职工薪酬	职工教育经费					127 840.00
应交税费						443 520.63
	未交增值税					215 000.00
	企业所得税					42 000.05
	城市维护建设税					15 050.00
	教育费附加					6 450.00
	地方教育附加					4 300.00
	个人所得税					132 300.50
	房产税					19 045.08
	城镇土地使用税					9 375.00
应付利息						102 000.00
其他应付款						1 500 000.00
长期借款	建设银行(本金)					15 000 000.00
实收资本						20 000 000.00
资本公积						809 420.00
盈余公积	法定盈余公积					1 228 463.00
本年利润						2 558 694.87
利润分配	未分配利润					3 292 989.00
生产成本					315 000.00	
	瓷球				208 500.00	
	直接材料				100 000.00	
	直接人工				37 500.00	

续表

总账科目	明细科目	计量单位	数量	单价	借方余额	贷方余额
	制造费用				71 000.00	
	瓷砖				106 500.00	
	直接材料				50 000.00	
	直接人工				22 500.00	
	制造费用				34 000.00	
合计					53 142 527.50	53 142 527.50

表 2　固定资产及累计折旧明细表

2024 年 4 月 30 日　　　　单位：元

资产名称	使用部门	原值	折旧时间(月)	累计折旧额	本月折旧额
球度机	生产车间	3 906 250.00	24	750 000.00	31 250.00
窑炉	生产车间	1 093 750.00	24	210 000.00	8 750.00
成型机	生产车间	1 250 000.00	24	240 000.00	10 000.00
小计		6 250 000.00		1 200 000.00	50 000.00
厂房	生产车间	7 812 500.00	24	750 000.00	31 250.00
	机修车间	1 562 500.00	24	150 000.00	6 250.00
办公楼	管理部门	10 937 500.00	24	1 050 000.00	43 750.00
小计		20 312 500.00		1 950 000.00	81 250.00
货车	销售部	300 000.00	12	150 000.00	12 500.00
轿车	总经理办公室	375 000.00	24	281 250.00	7 812.50
小计		675 000.00		431 250.00	20 312.50
计算机	总经理办公室	18 750.00	12	3 600.00	300.00
	财务部	37 500.00	12	7 200.00	600.00
	销售部	18 750.00	2	3 600.00	300.00
	采购部	18 750.00		3 600.00	300.00
	人力资源部	18 750.00	12	3 600.00	300.00
	计划部	18 750.00	12	3 600.00	300.00
小计		131 250.00		25 200.00	2 100.00
合计		27 368 750.00		3 606 450.00	153 662.50

资料(二)

2024 年 5 月，湖南光明陶瓷公司发生如下经济业务：

① 1 日，收到怀化陶瓷公司增值税专用发票，注明：氧化铝粉 10 000 千克，金额100 000元，增值税 13 000 元；铬粉 2 000 千克，金额 50 000 元，增值税 6 500 元。

② 3 日，上月末采购的氧化铝粉 20 700 千克验收入库。

③ 6 日，向大连慧巧公司销售瓷球 8 000 千克，每千克不含税单价 750 元，金额

6 000 000元，增值税 780 000 元；瓷砖 1 500 千克，每千克不含税单价 1 200 元，金额 1 800 000元，增值税 234 000 元，货物已发出。

④ 7 日，从郑州万科公司采购的材料验收入库。收到增值税专用发票注明：氧化铝粉 20 000千克，金额 180 000 元，增值税 23 400 元；铬粉 4 800 千克，金额 124 800 元，增值税 16 224 元；锰粉 3 750 千克，金额 157 500 元，增值税 20 475 元；收到运输专用发票注明运费 28 550 元，增值税 2 569.50 元。材料验收入库。承担的运输费按购买材料的重量分摊。

⑤ 9 日，缴纳上月未交增值税、企业所得税、城市维护建设税、教育费附加、地方教育附加、个人所得税。

⑥ 12 日，采购部张新星预借差旅费 3 500 元，支付现金。

⑦ 15 日，开出转账支票支付律师咨询费 15 000 元，增值税 900 元。收到增值税专用发票。

⑧ 15 日，向江永陶瓷公司销售瓷球 4 000 千克，每千克不含税单价 750 元；瓷砖 5 000 千克，每千克不含税单价 1 200 元，销售合同中约定，江永陶瓷公司应于 2024 年 7 月 1 日前支付货款，在 2024 年 10 月 31 日前有权退还货物。公司根据以往经验，估计该批瓷球和瓷砖的退货率为 10%。公司已发出瓷球和瓷砖，并开具增值税专用发票。

⑨ 20 日，确认应付合肥利达公司货款为无法支付的款项，予以转销。

⑩ 20 日，以赚取差价为目的，从上海证券交易所购入瑞思上市公司股票 100 000 股，支付价款 560 000 元(其中包含已宣告但尚未发放的现金股利 60 000 元)，另外支付相关交易费用 18 500 元，取得增值税专用发票注明增值税为 1 110 元。

⑪ 21 日，公司用 20 000 千克氧化铝粉对湖南立邦公司投资。双方协商该批氧化铝粉的不含税价值为 250 000 元，开具增值税专用发票注明增值税为 32 500 元。

⑫ 25 日，收到银行转来的收款通知，系长沙爱信公司前欠货款。

⑬ 28 日，通过湖南省红十字会向汉水小学捐赠瓷球 2 000 千克，该批瓷球的实际成本为每千克 400 元，市场不含税售价为每千克 750 元。

⑭ 31 日，计提借款利息。

⑮ 31 日，计提固定资产折旧。

⑯ 31 日，摊销无形资产。

⑰ 31 日，分配本月工资：瓷球的生产工人工资 453 270 元，瓷砖的生产工人工资631 920元，机修车间人员工资 29 230 元，车间管理人员工资 112 520 元，行政管理人员工资 97 600 元，销售人员工资 123 500 元。

⑱ 31 日，汇总本月领用材料：生产瓷球领用氧化铝粉 63 000 千克，铬粉 3 500 千克，锰粉 1 680 千克，包装袋 500 只，纸箱 500 个；生产瓷砖领用氧化铝粉 42 500 千克，铬粉6 000 千克，锰粉 3 200 千克；生产车间一般消耗领用氧化铝粉 200 千克。对外投资氧化铝粉 20 000 千克。

⑲ 31 日，计提坏账准备。

⑳ 31 日，盘点存货，发现短缺氧化铝粉 180 千克，无法查明原因，由保管员吴娜赔偿 30%，其余计入管理费用。

㉑ 31 日，结转制造费用。

㉒ 31 日，产品完工入库。月初瓷球在产品 300 千克，本月投入生产 3 700 千克，完工 3 000千克，月末在产品 1 000 千克；月初瓷砖在产品 700 千克，本月投入生产 2 800 千克，完工 3 000 千克，月末在产品 500 千克。

㉓ 31 日，结转未交增值税。

㉔ 31 日，计提城市维护建设税、教育费附加、地方教育附加。

㉕ 31 日，计提房产税、城镇土地使用税。

㉖ 31 日，结转损益。

要求：根据上述资料(一)(二)，完成以下财务工作。

(1) 根据资料(一)和公司的会计政策，编制 2024 年 4 月 30 日的资产负债表。(注意：科目余额表中部分金额可能存在错误，请自行更正)(每空 2 分，共 58 分)

(2) 根据资料(二)，编制会计分录。(共 26 个业务，业务①③⑧⑩⑳㉒㉖每个 10 分，其余业务每个 5 分，共 165 分)

表 3　资产负债表(简表)　　　　会企 01 表

编制单位：湖南光明陶瓷公司　　　　2024 年 4 月 30 日　　　　单位：元

资产	期末余额	期初余额(略)	负债和所有者权益	期末余额	期初余额(略)
流动资产：			流动负债：		
货币资金	①		短期借款	⑬	
交易性金融资产			应付票据	⑭	
应收票据	②		应付账款	⑮	
应收账款	③		合同负债	⑯	
预付款项	④		应付职工薪酬	⑰	
其他应收款	⑤		应交税费	⑱	
存货	⑥		其他应付款	⑲	
合同资产			一年内到期的非流动负债		
其他流动资产			流动负债合计	⑳	
一年内到期的非流动资产			非流动负债：		
流动资产合计	⑦		长期借款	㉑	
非流动资产			非流动负债合计	㉒	
长期股权投资			负债合计	㉓	
固定资产	⑧		所有者权益：		
在建工程			实收资本	㉔	
无形资产	⑨		资本公积	㉕	
长期待摊费用			盈余公积	㉖	
递延所得税资产	⑩		未分配利润	㉗	
非流动资产合计	⑪		所有者权益合计	㉘	
资产总计	⑫		负债和所有者权益总计	㉙	